苏步青的故事

李建臣 ◎ 主编

远方出版社

图书在版编目（CIP）数据

苏步青的故事 / 李建臣主编． －－ 呼和浩特 ：远方出版社，2022.12
（"榜样代代传"系列丛书）
ISBN 978-7-5555-1822-8

Ⅰ．①苏… Ⅱ．①李… Ⅲ．①苏步青（1902-2003）－生平事迹－青少年读物 Ⅳ．①K826.11-49

中国版本图书馆CIP数据核字（2022）第258259号

苏步青的故事
SU BUQING DE GUSHI

主　　编	李建臣
责任编辑	奥丽雅
封面插画	吴幸婷
内文插画	潘忠英
封面设计	VIOLET Q1152979738
版式设计	曹　驰
出版发行	远方出版社
社　　址	呼和浩特市乌兰察布东路666号　邮编010010
电　　话	（0471）2236473总编室　2236460发行部
经　　销	新华书店
印　　刷	天津中印联印务有限公司
开　　本	880毫米×1230毫米　1/32
字　　数	106千
印　　张	6
版　　次	2022年12月第1版
印　　次	2023年4月第1次印刷
印　　数	1—5000册
标准书号	ISBN 978-7-5555-1822-8
定　　价	42.00元

如发现印装质量问题，请与出版社联系调换

编者序

吾辈自强 强国有我

对于青少年来说，他们正处于长身体、长知识和形成世界观的重要时期，兴趣广泛、可塑性强，各方面都还不成熟。如何紧扣时代脉搏，与时俱进地帮助青少年树立正确的人生观、价值观和世界观，是家庭、学校和社会需要共同思考的问题。

党的十八大以来，以习近平同志为核心的党中央高度重视青少年的思想政治教育，习近平总书记在许多场合对加强青少年思想政治教育发表了一系列重要讲话，内容涵盖立德树人、社会主义核心价值观的培育和践行、以文化人、以文育人、教育合力构建、加强党的领导等。这些重要论述，充分体现了以习近平同志为核心的党中央对青少年成长成才的亲切关怀和殷切期待，立意高远，思想深邃，形成了内涵丰富的思想政治教育理论体系，为提升青少年思想政治教育科学化水平指明了方向。

榜样教育是青少年品格塑造的一种重要形式，应科学合理地树立榜样，为青少年追求真理、完善人格、实现理想指明方向，并源源不断地提供精神力量，从而培养青少年爱国、奉献、创新、求真、务实的崇高品质。

为了帮助青少年向榜样看齐，向使命聚焦，汲取榜样的力量，感受其家国情怀以及进取、奉献的优秀品质，我们组织多位专家学者编撰"榜样代代传"系列丛书，介绍了钱学森、竺可桢、钱伟长、华罗庚、钱三强、苏步青、李四光、童第周、陈景润及邓稼先等科学先驱的事迹。这些科学家学习成绩优异，科技成果突出，得到了国际学术界的广泛认可。他们每一个人都深深知道：科学无国界，科学家有祖国。钱学森说："我的事业在中国，我的成就在中国，我的归宿在中国。"李四光说："要把所学到的知识,全部奉献给我亲爱的祖国。"邓稼先说:"假如生命终结后可以再生,那么,我仍选择中国,选择核事业。"他们不惜牺牲个人利益,远跨重洋回到生活与科研均"一穷二白"的祖国,在各自的领域自力更生、攻坚克难、开拓创新,为我国的社会主义建设和国防安全做出卓越的贡献。

鲁迅先生在《中国人失掉自信力了吗》一文中发声:"我们从古以来,就有埋头苦干的人,有拼命硬干的人,有为民请命的人,有舍身求法的人……"历史的风雨、生活的磨难,阻挡不了这些人前行的脚步。正是他们扛起了中华民族伟大复兴的重任,他们无愧为"中国的脊梁"。有人不禁要问:今天的青少年长大后,还能不能扛起重任?

要回答今天的青少年还能不能扛起重任的问题,我想起了梁启超先生100多年前的期许——"少年智则国智,少年强则国强。"

榜样是一面旗帜,榜样是一座灯塔,榜样是一种动力,可以为当代青少年引领方向,指导他们奋勇前行。这套"榜样代代传"系列丛书的出版初衷,就是希望青少年以老一辈科学家为榜样,学习他们胸怀祖国、服务人民的爱国精神,勇攀高峰、敢为人先的创新精神,追求真理、严谨治学的求实精神,淡泊名利、潜心研究的奉献精神,集智攻关、团结协作的协同精神,以及甘为人梯、奖掖后学的育人精神,并将这些可贵的品质吸收为个人的精神财富与进取动力,做有理想、有本领、有担当的新时代青少年。

目录

第一章 贫苦求学路

牛背上的读书郎 / 003

从"背榜"到"头榜" / 010

文史治学的梦想 / 020

与数学的不解之缘 / 025

第二章　赴日深造

坎坷的东京留学路　/ 037

东方国度的数学新星　/ 046

学成不忘归国　/ 052

第三章　与浙大共进退

践约赴浙大　/ 063

攻坚克难育英才　/ 066

8年离乱中的坚守　/ 072

不惧白色恐怖　/ 081

第四章　数学王国的诗人

文理并进的数学家　／087

家国眷恋赋诗篇　／099

忧山河，赤子情　／109

念亲人，寄友人　／115

抒豪情，咏壮志　／128

第五章　投身科教事业

毕生事业一教鞭　／137

开创中国计算几何学　／141

辛勤耕耘的园丁　／146

呵护幼苗成长　／152

为科教事业献计献策　／157

第六章　知识分子的楷模

严谨、惜时的老人　/ 165

胸怀博大的宗师　/ 172

严于律己的党员　/ 177

第一章 贫苦求学路

每次放牛回家经过村里的私塾时，苏步青都会被里面的琅琅读书声吸引，不由得停住脚步，拉着牛站在外面听一会儿。

牛背上的读书郎

在浙江省温州市平阳县腾蛟镇带溪村后面有一座山,远远看去就像一头卧着的大水牛,所以当地人都称其为"卧牛山"。山上树木繁茂,秋风一起,漫山红叶,景色迷人。山下的小溪如一条白练,从西北向东南流淌不息,带溪村就在小溪的环抱之中。这个村子的人都讲闽南语,因为他们的祖先是几百年前从福建同安来到这里的。

村子里有一户人家,住着 3 间木质结构的古老平房,周围有一圈矮矮的围墙。院子里有一棵高大的枇杷树,像一把撑开的巨伞,为这个山村农家庭院投下一片绿荫。

苏步青的故事

1902年9月23日,苏步青在这个农家降生了。苏步青的父亲叫苏宗善,以务农为生,如今家中添了一个男丁,全家欢喜。

苏宗善夫妇饱尝没有文化的苦,一心希望儿子将来上学读书,成为有文化的人,有一个光明的前途,于是给儿子取名"步青",寓意"平步青云"。

俗话说,穷人的孩子早当家。苏步青从小就是父亲的好帮手,割草、喂猪、放牛,样样都会。他常常学着父亲的样子,头戴一顶大竹笠,在卧牛山下放牛。家里养的是水牛,个头大,身材矮小的苏步青没少受大水牛的"欺负"。有一次,水牛脾气上来了开始狂奔,把苏步青重重地摔到水沟里,幸好他是跌进泥坑里,没有大碍。

江南的农村河流纵横,和其他孩子一样,苏步青也喜欢捉鱼、捞虾、摸螃蟹,还经常与小伙伴一起去捕鸟、捉蝴蝶。生活虽然贫苦,但有许多快乐。苏步青最喜欢听大人们讲故事,不管是民间传说牛郎织女,还是《三国演义》《水浒传》《西游记》里的故事,他都百听不厌,甚至能够背下来,再绘声绘色地讲给小伙伴们听。

每次放牛回家经过村里的私塾时,苏步青都会被里面的琅琅读书声吸引，不由得停住脚步，拉着牛站在外面听一会儿。有一次，先生在课堂上教学生念《三字经》中的"苏老泉，二十七。始发愤，读书籍"几句，他跟着念几遍就记住了，后来跟小伙伴玩儿的时候还念给他们听。

苏步青的父亲苏宗善没有上过学，但小时候偷听过私塾先生讲课，认识了几个字，还会写毛笔字。他有一本风水书，闲下来时常常一边看一边念念有词，引得苏步青也入了迷。父亲见儿子那么想读书认字，就用手指蘸着水在桌子上教他写字。

苏步青7岁时，苏宗善意识到自己认识的字太少，水平有限，教不出什么名堂来，于是就跟妻子商量送儿子去上学。恰好苏步青的伯父开了一家私塾，苏步青便被送到伯父那里读书。

虽然一生务农，但苏宗善知道，只有掌握足够的知识才能有出息，因此，不管家境多么困难，他都坚持让苏步青上学。苏步青的母亲也一样，在苏步青求学期间，她从不抱怨儿子晚上读书写字费灯油，或者不分担家中农活等。

苏宗善夫妇生育了13个孩子，不幸夭折9个，所以对幸存下来的孩子无比疼爱。有时,苏步青看见有钱人家的孩子吃零食,便向母亲索要,母亲想了个办法,在米饭里放点盐和猪油,捏成饭团给他解馋。日子虽然过得清贫,只有粗茶淡饭,但母亲细致入微的爱让苏步青终生难忘。

在私塾里,苏步青学会了《千家诗》《三字经》《幼学琼林》。他知道上学的机会来之不易,因此学习非常努力,加上天资聪颖,一些古文很快就能倒背如流。认识不少字后,他开始读《聊斋志异》《西游记》《东周列国志》等书。由于书中有很多字不认识,他常常步行5公里路,向他人借《康熙字典》来查生字。

有一天,父亲突然对苏步青说:"你没法去上学了,先生走了。"

苏步青问:"父亲,先生为什么走?"

父亲说:"他靠教书不能养家糊口,只能另寻出路。"

"那我怎么办呀?"苏步青着急地问。

父亲叹了一口气,说:"那有啥办法,还是放牛吧!"

虽然不能继续上学,但苏步青并没有放弃读书。凭借在私塾里学到的字词,他每天放牛的时候还不忘看书。他有一本从老叔公那里借来的残缺不全的《三国演义》,

苏步青的故事

每天把牛赶到草地上后,他就躺在山坡上津津有味地看起来。由于担心看书入迷弄丢了牛,他索性骑在牛背上看,这样就不用老是抬头看牛了。这本《三国演义》,他不知读了多少遍,由于章节都能背诵了。他最喜欢看两军对阵的情节,尤其喜欢张飞。他模仿书中的情节,找了根木棍当丈八蛇矛,边挥舞边大声喊道:"燕人张翼德来也!"

有一次回家,他像往常一样骑在牛背上手舞足蹈地耍弄木棍,在三国的世界里神游。正得意之时,他一不留神从牛背上摔了下来,正好摔在一片刚砍过的竹林里,险些被扎伤。到家后,母亲看到他的身上有擦破的地方,赶紧问他发生了什么事。小苏步青支支吾吾,最后还是如实说了。母亲既心疼又发愁,再任孩子这么顽劣下去,迟早要出事,所以就跟父亲商量说:"步青这孩子那么喜欢读书,还是送他出去上学吧!"

不久,父母就把苏步青送到水头镇闹村的一所小学读书,后来听说南雁荡山的会文书院也办了学校,于是又把他送到那里。1911年,苏步青9岁,父母把他送到平阳县第一高等小学读书。

带溪村离平阳县城有50多公里路,交通极不方便,途中还要爬山。离家那天,母亲放心不下,一再嘱咐苏步青:"到县城读书不比在家里,别饿着……"说着忍不住抱着他哭了起来。

带着对家人的不舍,苏步青出发了,父亲肩挑行李和大米在前头走,他背着书包跟在后面。爬过一座山后,父亲累得气喘吁吁,苏步青的脚底也磨起了水泡。父亲说:"歇歇吧!你也饿了吧?"说完从担子里拿出两个煮鸡蛋递给苏步青。这是母亲事先准备的。苏步青的肚子饿得咕咕直叫,他接过鸡蛋剥开壳就狼吞虎咽地吃起来。他吃完转头一看,父亲正在嚼野菜团子。那一刻,他的心里很不是滋味。

多年以后回忆起这段往事,苏步青仍然抑制不住自己,激动地说:"真是父爱如山、母爱如水啊!"

从"背榜"到"头榜"

苏步青小小年纪离开父母到县城读书,内心第一次感到有些无助与孤独。

平阳县没有中学,第一高等小学就是当时平阳县的"最高学府"。学校里除了少数像苏步青这样的苦孩子,多数是当地的富家子弟,他们吃穿不愁,神气十足。家境贫困的苏步青从小营养不良,个子矮小,又黑又瘦,穿的都是打补丁的衣服,头发长了也没钱去理发,时常遭到那些富家子弟的讥笑和侮辱。

第一天上学时,苏步青既紧张又兴奋。下课后,他在走廊里站着,一个同学走过来嬉皮笑脸地问他叫什么名字,苏步青腼腆地说:"我叫苏步青,草字头苏,一步两步的步,青天的青。"旁边的同学听到了,笑道:"就你那样,还想上青天!"当初父亲为苏步青起名,确实是希望他将来能平步青云、光宗耀祖,成为一个不平凡的人。现在被同学如此嘲讽，苏步青十分气愤，但他想起了母亲的叮嘱，于是强压下心头的怒火。

到了晚上，同宿舍的同学嘲笑苏步青的蚊帐难看，因为他们用的都是新蚊帐，只有苏步青的蚊帐很旧，上面还打了很多补丁。他们起哄说苏步青不配跟他们住一起，于是跟管理学生的先生通了气，把苏步青从宿舍赶了出来，让他把床搭在楼梯口去睡。

一天，苏步青睡到半夜，扑通一声，他一下子惊醒了，原来是自己睡觉不老实，从床上滚到了楼梯下。看着清冷的楼梯间，一时间种种委屈涌上心头，他坐在台阶上伤心地哭了起来。

在平阳县第一高等小学，苏步青既得不到父母的关爱，也没有一起玩耍的小伙伴，还受人欺负，他特别想家。最让他苦恼的是学校课程死板而无趣，远不如读《三国演义》《聊斋志异》有意思，加上老师说的是温州话，很多内容他都听不懂。

在学校由于没有小伙伴可以玩耍、聊天，苏步青总是形单影只，心里也很郁闷，即便星期天也只能独自上街溜达，打发时间。

平阳县城比腾蛟镇热闹得多，遇上集市，街上南来北往的人络绎不绝，到处摆满货摊，叫卖声、吆喝声嚷成一片。耍猴的、变脸的、捏面人的、表演杂技的……把整条街围得水泄不通。县城的繁华景象深深地吸引了这个来自小山村的农家孩子，对苏步青来说，县城里的一切都是那么新奇。

苏步青在人群里钻来钻去，总觉得看不够、听不厌，直到肚子饿得咕咕直叫，才想起自己还没吃中午饭。在一个摊上，他看到有人吃包着肉馅儿的馒头，闻起来很香，第一次知道这种食物叫"包子"。他想买来尝尝，可是钱不够，只好饿着肚子回学校。后来，他在学校将饭票换成钱，等再上街的时候用来买包子吃。这样一来，他一个月的饭票不到月底就所剩无几，剩下那几天他只好一天只吃一顿饭，或者干脆饿肚子。

因为心里惦记着赶集看热闹，他在课堂上总是走神，脑子里不停地琢磨：为什么猴子能听主人的话，让它敬礼就敬礼？江湖郎中卖的狗皮膏药是用什么做的，为什么包治百病？大力士的肚子上放了大石板，为什么用铁锤砸却看起来一点儿也不痛？把面团放到油锅里，为什么会一下子变得那么大……就这样，老师讲的课他听不进去，布置的作业也完不成，有时还迟到、旷课，所以

第一章
贫苦求学路

经常受到老师的批评和责罚。

3个学期很快就过去了,苏步青因为整天不务正业,学习成绩自然不好。每次期末考试他都是"背榜",即最后一名。老师认为他愚顽不化、不可救药,就把他的父亲叫到学校,说:"你儿子读不好书,还是领回去跟你种田吧,一年能省两石米。"

苏宗善不相信儿子"不可救药",虽然儿子学不好这些课程,但他对儿子仍然抱着极大的期望。次年,离带溪村7.5公里远的水头镇新办了一所小学——平阳县立第三高等小学,老师讲闽南语,父亲便把苏步青转到那里去上学。

刚到这所小学时,苏步青仍然不爱学习,既贪玩儿,成绩也不好,不讨老师、同学的喜欢。不过,有一次考试,他的诗歌写得不错,得到了老师的夸奖。诗歌写得好,跟他以前偷听私塾先生讲课和看《三国演义》等书不无关系,但他平日总是不专心读书,作业也不按时完成,因此教国文的谢老师渐起疑心:这样的好文采,一个"背榜"生怎么能写得出?大概是抄来的。

谢老师把苏步青找来,用半信半疑的口气问:"这首诗是你写的?"

苏步青一听就明白老师怀疑诗歌是他抄来的，但他还是很有礼貌地回答："谢老师，这首诗是我自己写的。"

"那你是怎么写的？"谢老师强硬地追问。

"当然是用笔写，我不都写在上面了吗？"苏步青被谢老师的语气激怒了，生气地回答。

这个反应让谢老师大为光火，他大声训斥道："你一个'背榜'生能写出这样的诗来？肯定是从哪里抄来的！"说完，他拿起红笔，狠狠地在作文本上批了个"差"字。

苏步青又气又恼，明明是自己写的，老师凭什么一口咬定是他抄来的？他把书本扯过来，赌气道："我好也是不好，还学个啥劲头！从今天起，国文课不上啦！"说罢，他冲出老师的办公室，委屈的泪水夺眶而出。

尽管谢老师后来查明实情，那首诗确实是苏步青所作，而且还苦口婆心地劝勉了苏步青，但他心中饱受委屈，渐渐地不去上国文课了。每次到国文课，他便一个人找个清静的地方看课外书。一个学期下来，他又得了个"背榜"。

如果不是后来遇到了陈玉峰老师，也许苏步青的求

第一章
贫苦求学路

学生涯不久就会结束,腾蛟镇会多一个庄稼汉,而世界也将错失一位伟大的数学家。

苏步青上五年级时,学校来了一位地理老师,他就是令苏步青"脱胎换骨"的老师陈玉峰。

陈玉峰是平阳南湖人,清光绪三年(1877年)出生,24岁参加科举县试,获第二名,为庠生,即秀才。1905年,清政府废除科举制度,他便到杭州学堂求学。陈玉峰学识渊博,擅长文学和地理,为国家培养了一批人才,除了苏步青,还有南京大学教授林维安、黄昌树,世界著名竹类专家林维治等。

第一堂地理课,陈老师在黑板上挂了一幅世界地图。苏步青非常好奇,下课后,他指着地图问陈老师:"我们带溪村在哪里?"

陈老师笑着说:"带溪村太小了,地图上找不到。"

"平阳县呢?"

"也太小了。"

"平阳还小?"

"世界很大,等你们长大有机会走出去看看就知道了。"

苏步青在心里暗暗对自己说:"长大后我一定要走

出去看看！"从此，他迷上了地理课，也特别喜欢陈老师。

和其他老师不同，陈老师除了看到苏步青贪玩儿、不完成作业外，还发现他有过人的记忆力与倔强的牛脾气。有一次，陈老师见苏步青没去上国文课，便问他原因，苏步青回答："谢老师看不起我。"

"看不起你？因为他看不起你，你就不上课、不读书？这样赌气的话什么时候才能被人看得起呢？"

苏步青把那次写诗的事情一五一十地告诉陈老师，还说："如果老师不相信，我可以把那篇古文背给您听，我的作文就是学习那篇古文的笔法写的。"

"我相信你的作文不是抄的。"陈老师看着苏步青，心中暗想，这个孩子若能好好教育，将来肯定有出息，于是引导他说，"父母送你来学校是为了什么？"

"为了学习知识，长大后做个有出息的人。"

"可是你不上课，怎么学习呢？"陈老师语重心长地说，"你的父母省吃俭用，挑着大米卖了，把你送到学校来念书。你这样年年'背榜'，对得起他们吗？不认真读书，怎么会有出息？没有出息，不就是辜负了父母这么多年对你的养育和栽培吗？"

第一章
贫苦求学路

陈老师一语点醒梦中人，苏步青鼻子一酸，眼泪扑簌簌地掉了下来。他的眼前浮现出种种场景：自己的父母、兄弟姐妹为了送他上学读书，一年到头喝稀粥、吃番薯干；兄弟姐妹一大早就跟着父亲下地干活，把打下的粮食卖了给他交学费；母亲在昏暗的油灯下，为他一针一线地缝补衣服……

这时，陈老师接着说："别人看不起你是别人的事，但你不能自甘堕落，如果你考了第一，门门优秀，还有谁会看不起你呢？"

苏步青哭得更厉害了，好一会儿才止住泪水。

最后，陈老师说："我看你头脑聪明，反应敏捷，能吃苦，要是能够奋发图强，一定能变'背榜'为'头榜'。"

陈老师的话深深地触动了苏步青幼小的心灵。他想：作文是自己写的，这是不争的事实。老师怎么说是老师的事，自己学习又不是为了迎合老师，为这件事闹别扭，吃亏的是自己。他回想起自己往日的放纵，感到十分愧疚，决心以牛顿为榜样，做个勤奋、自强的学生。

这一次，他言出必行，说到做到。他找回了小时候

第一章
贫苦求学路

在牛背上看书的状态，迷上了学习。别人背课文背1遍，他就背3遍、5遍；别人做习题做10道，他就做20道；别人只读课本，而他还阅读了《左传》《唐诗三百首》等文学典籍。功夫不负有心人，到期末考试时，他终于如愿从"背榜"变为"头榜"。

从那以后，无论小学、中学还是大学，苏步青的名字总是与"第一名"形影不离。

1931年，苏步青在日本获得理学博士学位后回乡探亲，特意将陈玉峰请到家里，感激万分地说："没有恩师当年教诲，学生不敢奢望今日。"陈玉峰欣慰地看着成才的学生说："有你这样出类拔萃的学生，我也不枉度此生。"最后，苏步青雇了一顶轿子，请陈玉峰上轿，自己则跟在后面步行15公里路将老师送回家。

文史治学的梦想

1915 年,苏步青从家乡平阳县考进浙江省立第十中学(今温州市第一中学)。浙江省立第十中学是一所 4 年制中学,有很高的声誉,从这里毕业的学生不愁找不到好工作。当时,浙江省立第十中学为了吸引优秀学生报考,承诺以第一名考进该校的学生,在校 4 年的学费、杂费、伙食费全免。因此,每次发榜都会引来很多人围观。

这天,浙江省立第十中学发榜,门前照例又围满了人。

"哪个中的头榜?前面的念一下子嘛。"站在后面的人问道。

"苏步青!"

"平阳县苏家的那个孩子?"

"是啊!"

苏步青一下成了名人。他不仅如愿以偿考进了浙江

第一章
贫苦求学路

省立第十中学,而且是第一名!苏步青兴奋极了,这下不仅可以在这所学校学习,还能为家里省一大笔花销。他读书的学费来之不易,全靠家里人做苦力、干农活,一想到这些,他心里就不是滋味。如今虽然不能帮父亲干活,但能为家里减轻负担,他心里有了些许安慰。

这所中学旁边有个池塘,据说是东晋诗人谢灵运"池塘生春草"诗中的那个池塘,池畔有5株杨柳。恰好当时课本中有陶渊明的《五柳先生传》,所以,浙江省立第十中学给人一种人杰地灵之感。

报到那天,13岁的苏步青没有让父亲送行。虽然他依然矮小瘦弱,一件乡亲送的上衣穿在他身上就像长袍,但他已经不像几年前那样彷徨无措,而是有了目标,他要一步一步地朝着那个方向前进。

开学后的第一堂课是国文课,国文老师是个老秀才。他精神饱满,课讲得有板有眼、不紧不慢,学生们听得聚精会神,唯恐漏了一个字。老师慢条斯理地讲道:"同学们,《资治通鉴》是一部编年体史书,是宋代大学者司马光奉皇帝之命主持编写的。它一共有294卷,记载了上起战国、下至五代,长达1300多年的历史。谁要当学者,不可不读《资治通鉴》;谁想博古通今,也不可不读《资治通鉴》。"老师的话激起了同学们极大的学习热情。苏步青坐在教室的最前排,迎着老师投来的目光,认真地点了点头。

为了考查学生的国文水平,老师出了一道命题作文《读〈曹刿论战〉》。《曹刿论战》出自《左传》,而《左传》正是苏步青爱读的古书,上小学时就能背诵其中的很多篇章。这个作文题目对他来说并不难,他先凝神静气,打好腹稿,然后埋头写作,一气呵成。

第二天,国文老师把苏步青叫到办公室,问作文是不是他自己写的,这让苏步青有了往事重现的耻辱和愤怒之感。他肯定地说,文章是他自己写的,他还能背出《左传》的篇目内容。国文老师听了,连夸他作文写得好,还问他都读过哪些诗文。当苏步青流利地背出《左传》中的几篇文章后,老师更是高兴地连声夸赞:"好,好,将来当个文学家!"

从在牛背上读《三国演义》开始,苏步青就迷上了古典文学。书中那些精彩的描写让他如痴如醉,就连做梦都是关云长、张翼德、赵子龙在战场上驰骋作战的英姿。他对罗贯中佩服得五体投地,但从来没想过自己能当文学家。"我也能当文学家?"他问自己,"为什么不能？谁也不是一生下来就是文学家！"他心里一遍遍地对自己否定又肯定。

不过，不管能不能当文学家，多读好书总是没错的。苏步青先后从图书馆借来《史记》《汉书》《资治通鉴》，如饥似渴地从古书中汲取文学与历史的营养，拓展自己的知识面。一年下来，书中那些名篇他早已烂熟于心，他的文学水平也迅速提高，他写的作文常常被当作范文贴在墙上，国文老师一提到苏步青就神采奕奕，赞不绝口。

因为大量阅读古书，苏步青的历史课成绩也很好。历史老师原是清朝举人，满腹经纶，讲课常常讲到忘我的地步，一边摇头晃脑，一边念念有词。对于中国历史的熟稔使他讲课收放自如，重要的历史事件倒背如流，古籍中的段落运用得宜，讲到精彩处还让学生和他一起诵读。

遇到这样一位好老师，苏步青感到十分幸运，学习历史的热情更高了。每次上课，他总是目不转睛地盯着老师，思路也紧跟其后。在课堂上，他的问题最多，有时就连这位老先生也得三思才能回答，但老师也因此更加喜欢苏步青。长期的积累使苏步青的历史知识比其他同学都要丰富。每次考试，对于"战国四公子都有谁？""汉武帝时，征服匈奴的主要将领是谁？""晋国的董狐因何而名垂青史？"之类的问题，他总是对答如流，让同学们钦佩不已。

历史老师课下也常常对别人提起苏步青，言语间掩饰不住对苏步青的赞赏和喜爱，因此他也甘愿利用业余时间教苏步青更多的历史知识。

受个人兴趣和历史老师的影响，苏步青曾有过当历史学家的梦想，当老师所说的博古通今的学者，知兴亡、明得失，或教书授徒，或资政佐治，为国出力。

然而，人生充满机遇和变数，不可捉摸，苏步青既没有成为文学家，也没有成为历史学家。这也许是文学界和历史学界的损失，但数学界却实实在在地收获了一位大师。

第一章
贫苦求学路

与数学的不解之缘

起初,苏步青对数学不感兴趣,觉得数学太过简单,而且枯燥乏味。但后来的一堂数学课改变了他的想法,促使他做出改变一生的决定。

苏步青上中学二年级时,浙江省立第十中学来了一位毕业于东京物理学校(今东京理科大学)的数学老师杨霁朝。

杨老师上第一堂数学课时没有讲数学,而是给同学们讲了一个又一个科学家的故事。他说:"当今世界弱肉强食,世界列强欲壑难填,仗着船坚炮利,企图瓜分中国。中华民族面临亡国的危险,振兴科学,发展实业,救亡图存,实属当务之急。'天下兴亡,匹夫有责',在座的每一位同学都肩负救国的责任。"他旁征博引,讲述了数学在现代科学技术发展中的巨大作用。他接着说:"为了救亡图存,必须振兴科学。数学是科学的开路先锋，要想发展科学，必须学好数学。"

杨老师慷慨激昂的演讲振聋发聩，令苏步青终生难忘。杨老师讲的故事不但拓宽了他的眼界，而且激发了他心中的爱国热情，给他的精神世界注入了强大的活力。读书，不仅是为了个人前途和家族荣耀，更是为了民族崛起。没有国家的繁荣昌盛，哪有个人的安居乐业？读书，不仅是为个人找出路，更是为中华民族求新生。

当天晚上，苏步青辗转反侧，彻夜难眠。"数学""救国"这两个滚烫的词一直在他的脑海里翻涌，国家的积贫积弱触目惊心，民众的愚昧落后更是一言难尽。科学，唯有科学，才能拯救中华民族于水火之中，才能医治千疮百孔的东方古国，使其重获新生。就像那个时代的众多知识青年一样，少年苏步青的心里埋下了科学救国的种子。

杨老师上数学课独辟蹊径，经常带领学生走出课堂，实地测量山高、计算田亩面积或设计房屋，有时还出一些趣味题让学生做。这种灵活多样的教学方式取得了很好的教学效果，也扭转了苏步青认为数学枯燥无味的印象，使他渐渐喜欢上数学。

第一章
贫苦求学路

一天,杨老师把苏步青叫到办公室,说:"听别的老师反映,你的历史和国文都学得不错,可是我认为你在数学方面更有发展潜力。以后你要多花时间钻研数学,将来用科学报效国家,尽自己的一份力量。"苏步青听了杨老师语重心长的叮嘱后,用力地点了点头。

杨老师回国时带了许多数学杂志,这些杂志上有很多有趣的数学题。苏步青经常去杨老师那里翻看杂志,还动手解一解那些题。有的题很难,他一时做不出来,就反复琢磨、思考。有时,教室里就剩下他一个人,但他也顾不得饥肠辘辘,只想利用休息时间解出答案。每解答出一道难题,他都高兴得像吃了蜜似的,心里甜滋滋的。渐渐地,一道道数学题就像一块块磁石,强烈地吸引着他,一步步把他拉进神秘的数学王国,使他沉醉其中不能自拔。

就这样,苏步青与数学结下了不解之缘,开始在数学王国中徜徉。他积极摸索学习数学的方法,不仅在课堂上全神贯注地听老师讲解,熟记老师的演算方法,而且积极开动脑筋思考,遇到疑难问题就在课本或笔记本上做记号,课后再向老师请教。一段时间后,他找到了适合自己的学习方法,对各门功课都能做到当堂理解、

第一章
贫苦求学路

消化，课后再通过不断地做习题来巩固自己的知识体系。

苏步青做习题有一个好习惯，就是一题多解。有一次，为了证明著名的欧几里得几何的一个定理——任意三角形的内角之和等于180度，他出人意料地用了20多种解法，最终牢牢掌握了这一定理。杨霁朝老师知道后，让苏步青据此写了一篇论文，送到浙江省一个学生作业展览会上展出。

从那时起，苏步青就狠抓自己的数学基础知识和基本技能，不管严冬还是酷暑，他总是在读书、思考、解题、演算，真正做到了"冬练三九，夏练三伏"。现在的温州市第一中学还珍藏着苏步青的一本几何练习簿，是用毛笔书写的，非常工整。

在校期间，苏步青除了努力学好学校开设的各门功课外，还十分注重课外知识的学习。从寝室到教室，从教室到图书馆，他都沉浸在知识的海洋里，不知疲倦。多年以后，他意味深长地对学生说："学习是艰苦的，但我们一旦找到方法，就会感觉其乐无穷。"

苏步青中学毕业前，从美国留学回来的数学"洋状元"姜立夫先生来到浙江省立第十中学。这在当地引起了轰动，人们都想目睹留洋归国的"洋状元"的风采。

姜立夫虽然在美国哈佛大学攻读数学并取得学位,但回到家乡平阳后,他依旧谦逊自持,不坐轿子,而是自己拿行李。有人恭维他学识渊博,他却自谦道:"数学这门学问好比一棵树,我只学到了一片叶子。"姜先生谦逊的作风给了苏步青深刻的启迪:要想学到知识,必须虚怀若谷,不能骄矜自傲,否则将变成"一瓶子不满,半瓶子晃荡"的那种人。

后来,苏步青到日本留学时学的也是数学,他用外文发表的几篇论文在学术界引起了不小的轰动。当时已是南开大学教授的姜立夫知道后,非常高兴。1928至1931年,苏步青在日本东北帝国大学读研究生时,接连收到北京大学、清华大学、厦门大学及燕京大学聘他为教授的电报,但因为研究工作尚未结束,他全都婉言推辞。

1931年,苏步青也成为"洋状元"回国了。姜立夫这才知道他们是同行加同乡,苏步青也才知悉当年推荐自己当教授的正是姜立夫。姜立夫的做法使他再次受到深刻的教育:提拔后辈,要大公无私。姜立夫为了发展教育事业,千方百计地聘请苏步青回国当教授,正是其爱才惜才、大公无私的表现。

第一章
贫苦求学路

在姜立夫的影响下,浙江省立第十中学有很多学生后来专攻数学,其中不少还成了科学家、教育家,如李锐夫、谷超豪、方德植、徐桂芳、白正国和杨忠道等。

苏步青在浙江省立第十中学读三年级时,学校来了一位新校长,40多岁,名叫洪彦远,字岷初。洪彦远毕业于日本高等师范学校数学系,也是一位积极宣扬科学救国的先行者。到任以后,他听到不少老师夸奖苏步青,包括体育老师都说:"别看他个子小,反应很机敏,还是足球队的门将。"洪彦远爱惜人才,独具慧眼,他专门看了苏步青的各门作业,为学校培养出这样一个品学兼优的学生感到自豪。他认为苏步青的潜力很大,前程不可限量。后来,杨霁朝改教物理,洪彦远则亲自给苏步青所在班级上几何课。洪彦远讲课深入浅出,妙趣横生,一个难懂的问题经他一讲就变成了生活中常见的问题,因此深受学生欢迎。苏步青从未想过数学竟然跟生活联系得如此紧密,他像着了魔似的,在奇妙的几何空间里徜徉。

洪彦远不仅用丰富的知识和教育智慧引领学生步入数学王国,而且很关心他们的生活和思想,对苏步青格外关照。

苏步青的故事

一个寒冷的冬日，教室外的梧桐树在寒风中挺立着，一阵阵冷气钻进教室。衣着单薄的苏步青正在阴冷的教室里全神贯注地做几何习题。洪校长不知道什么时候进来了。他穿着长衫，站在苏步青身后，静静地看着他做题。苏步青做完一道题，抬起头来发现洪校长站在旁边，不禁大吃一惊，慌忙站起身来。洪校长拿起他的作业本仔细看，露出满意的笑容，并轻声吩咐他做完题到校长办公室来一趟。

苏步青做完题后，惴惴不安地来到校长办公室。洪校长仔细打量着这个农家孩子，既亲切又语重心长地对他说："看得出来，你是一个有远大志向的孩子，很聪明，特别在数学上很有前途。我们眼下特别需要发展科学技术，你要记住科学救国的道理，不要辜负父母和老师的期望。你要向前辈看齐，为国家昌盛、民族振兴而发奋读书。"

洪校长告诉他，自己将离开学校去教育部工作，鼓励他毕业后争取去日本留学，多学一些先进的科学知识，回来报效国家。洪校长的一席话让苏步青更加明白了读书的目的和意义，他暗暗立下志向，一定要成为对国家、对民族有用的人。此后，每当他感到倦怠的时候，就会不由自主地想起洪校长的教诲,以此激励自己不断前进。

1919年,苏步青中学毕业。在毕业典礼上,他被授予"首席毕业"证书,这让他感到非常自豪,但关于下一步该怎么走,他却有些迷茫。这时,他想起了洪校长,于是提笔给洪校长写了封信。

出乎意料的是,洪校长很快就给苏步青回信,还给他汇来200块银圆,资助他去日本留学。苏步青捧着银圆,流下了感激的热泪。后来,每当谈起这件事时,他都流露出对洪校长的无限尊敬和感激之情。

1984年冬,苏步青以学生的名义,给平阳县中心小学创作了《卧牛山谣》:

> 卧牛山下农家子,牛背讴歌带溪水,欲砍青阶竹作鞭,牵牛去耕天下田。
>
> 鹿城负笈遭人咄,不料鸡群能立鹤,巧逢伯乐洪岷初,助渡东瀛去读书。
>
> 东京地震连天火,从此弃工改学数,论文写就一篇篇,博士有名无有钱。
>
> 衰鬓布衣归祖国,同甘共苦为民仆,寇虏何由兴鼓鼙,困穷八载甘如荠。

重返武林操旧业，留恋大陆不忍别，雄鸡一唱天下明，年方半百见河清。

西越昆仑探欧国，东横沧海观日出，巴黎铁塔印心房，三岛樱花映眼光。

八二年华当二八，随君战场去厮杀，漫夸步履健如飞，牛棚长负十年悲。

老来尝尽风霜味，马枥空怀千里志，梦里家山几十春，清风两袖无纤尘。

卧牛山畔年年月，似望游人圆复缺，待得神州四化时，重上卧牛寿一卮。

苏步青在引言中写道："余故家在卧牛山下，山高不过百余公尺，东向有南宋爱国诗人林霁山之墓，庵早废俗仍称墓庵山。余离家时年仅十七今八十有二矣，感而赋此卧牛山谣，书为平阳县中心小学补壁。"他在诗中特别提到"巧逢伯乐洪岷初，助渡东瀛去读书"，再次表达对洪校长的感激之情。

第二章　赴日深造

苏步青在3个多月的时间里不仅熟练掌握了日语，还顺利通过考试，以第一名的成绩考取东京高等工业学校，就读于电机系。

坎坷的东京留学路

  1919年秋，17岁的苏步青在上海登上开往日本的轮船，前往日本留学。他看见黄浦江上停泊着许多外国轮船，心里不禁闪现洪校长临别时的赠言。老校长的谆谆教诲和轮船的汽笛声，一直回响在他的脑海中。他暗自下定决心，一定要学有所成，不辜负父母、老师的殷切期盼，回来为祖国贡献力量。

  多年以后，苏步青回忆往事，写下《外滩夜归》一诗，表达自己当年东渡求学的抱负。

    渡头轻雨洒平沙，十里梧桐绿万家。

苏步青的故事

> 犹记当时停泊处，少年负笈梦荣华。

苏步青到达东京时，正值寒冷的深秋。清晨，刺骨的寒风裹挟着潮湿的雾气袭来，像一根根冰锥扎着人的皮肤，令人瑟瑟发抖。人们来去匆匆，木屐踏在石板路上发出"嗒嗒"的响声。人们客气地彼此寒暄，说话声和木屐声混在一起，让生活在异乡的人生出一种茫然、失落的感觉。

苏步青刚到日本时，日语是他的短板，所以没法报考日本的大学。幸好他的哥哥苏步皋两年前就来到日本留学，并且考进了东京高等工业学校。苏步皋为他找了一所日语补习学校。

当时的北洋政府规定，留日学生必须考取指定的几所学校才能得到公费资助，其余进修均需自费。在日语补习学校学习一个月后，苏步青开始犯愁了。每个月的生活费至少要30块大洋，他带来的200块大洋，除去船票等费用，仅够维持5个月，这还没算上补习学校的学费。恰在此时，他的哥哥带来了一个消息：还有3个月，东京高等工业学校就要招生了。这给苏步青带来了非常

第二章
赴日深造

大的压力,因为补习学校的教学进度很慢,收效甚微,3个月很难达到入学标准,而他的经济状况又不允许他推迟到下一年再报考大学。

苏步青思前想后、反复权衡,最后决定离开补习学校,到社会这所"学校"去学习日语。经过打听,他得知有一位日本老妪廉价招收房客,于是就搬进了老妪出租的房子。

他每天早早起床,跟着房东去市场买菜,留心听她如何跟菜贩打招呼、如何讨价还价,还注意听周围的人交谈,听他们议论社会上发生的各种新鲜事。平时只要房东没事,他就主动跟她聊天,房东则给他讲日本民间传说、风俗习惯;房东不在家时,他就自己看书学习,复习各门功课。3个月后,他不仅日语水平突飞猛进,各门功课的水平也有所提高。

第二年春天,东京的学校陆续开始招生。苏步青报考了著名的东京高等工业学校。他选择这所学校有两个原因:一是这所学校在当时赫赫有名;二是这所学校的留学生有北洋政府的统一拨款,可以享受公费留学待遇。当然,正因为如此,报考这所学校的人很多,竞争异常激烈。

考试一共有 6 科,包括数学、物理、化学、英语、日语作文和日语口试。苏步青对前 5 科胸有成竹,稳操胜券。

考试开始了,考场十分安静,只听得见写字的沙沙声。苏步青冷静地审题,然后专心致志地解答。等写完最后一个字,他抬头看墙上的时钟,发现自己仅用 1 个多小时就把需要 3 个小时做完的考题答完了。他交卷之后,监考老师看了他的答卷,惊得目瞪口呆:这是一个中学刚毕业的中国学生呀,中国怎么会有这么聪明的学生?

随后的几门考试,苏步青都对答如流,不过对于日语口试,苏步青却有几分恐惧。学生中早就传说主考官高桥副教授对考生苛刻、严厉。高桥长得清癯精干,一张毫无表情的脸总是冷冰冰的。他动不动就对考生说:"你要是不行,就给我出去,回家种田去吧!"高桥说话极有特点,语速很快,态度生硬,提问步步紧逼,不容对方思考,令人喘不过气来。

焦灼的等待之后,终于轮到苏步青了。高桥连珠炮

第二章
赴日深造

似的问了一些个人履历和家庭方面的问题,那架势好像是不把面前这个瘦小的中国学生问倒誓不罢休。苏步青想:"这样下去可不行,一直被高桥老师逼问,总有被他问倒的时候。我为什么不能变被动为主动呢?"他正想着,高桥又问他住在东京哪里,苏步青回答道:"住在一位老妈妈家里。她待我好极了,就像对待自己的儿子一样。每天晚饭后,老妈妈都给我讲故事。有一个故事说,从前,在很远很远的地方,有一个贫苦的农夫……"

苏步青模仿房东的语气和神态,绘声绘色地讲完这个故事,还没来得及喘口气,马上又讲下一个:"还有一个故事,在北海道,有一位老猎人……老妈妈还讲了一个神话,美极了,那是关于富士山仙子的传说……她还讲过樱花姑娘的故事,很多很多年以前……"

苏步青一个接一个故事不停地讲下去,讲得流畅自然,娓娓动听,仿佛要一口气讲完成千上万个故事。高桥听得投入,几乎没有插嘴的机会,好一会儿才从那些优美的神话故事中回过神来,忙摆摆手打断了苏步青。

"来此地多久了?"高桥依然面无表情。

"不到半年。"

"哎呀！"高桥闻言一反常态，大为惊讶，他走过来拍了拍苏步青的肩膀说，"很好，你通过了！"

当时在日本留学的中国学生通常要花一年半到两年时间去学日文，有时还需补习一些入学考试的科目。苏步青在3个多月的时间里不仅熟练掌握了日语，还顺利通过考试，以第一名的成绩考取东京高等工业学校，就读于电机系。苏步青的事迹不胫而走，在东京高等工业学校传为美谈。那一年，考取该校的中国留学生只有4名。

入学后，每当苏步青漫步在校园里，或坐在绚烂的樱花树下时，总会情不自禁地想起万里之遥的故乡和父母，想起亲切的母校和老师。他默默地在心里为他们送上祝福，祝愿他们一切安好。

东京高等工业学校是一所4年制大学，前3年主要学习基础课程，苏步青仍然像中学时那样勤奋学习，每个学期都稳拿第一名。其中有一门"交流课"，他还得过特别奖，奖品是计算尺和几本参考书。作为尖子生，苏步青很快得到老师和同学的认可，有的日本同学不会

第二章
赴日深造

做习题就来问他,全然收起了对中国学生的傲慢和鄙视。

大学的学习生活让苏步青更加确信自己的理想不是当机电工程师,而是要当一名数学家。他一有时间就钻研数学,当他埋头演算数学公式时,幸福感和舒畅感油然而生。

丰富多彩的大学生活给苏步青打开了增长见闻的窗口。他并不是那种书呆子似的读书,而是对体育也很感兴趣。在与其他班、其他系的足球比赛中,他担任守门员,就像在中学时那样。他还组织中国留学生和日本同学一起到东京附近一条名叫隅田川的河里进行划船比赛。后来,他参加了自行车越野赛。这是一项危险的运动,但可以锻炼一个人的意志和毅力。他还打网球、登山,只要是能够强身健体、锻炼意志的活动,他都积极参加。

正当苏步青沉浸在美好的大学生活中时,1923 年 9 月 1 日,日本关东地区发生了 8.1 级大地震。地震灾区包括东京、神奈川、千叶、静冈、山梨等地,造成约 15 万人丧生,200 多万人无家可归。地震还导致霍乱流行,东京都政府为此下令戒严，禁止人们进入这座城市，防止瘟疫扩散。

地震发生那天，苏步青正在宿舍里研读一本解析几何著作，因为看得入迷而错过了吃饭时间。有个同学吃完饭回来，看见苏步青还在看书，就催他赶紧去吃饭，否则食堂要关门了。苏步青这才把书一推，匆匆拿起饭盒赶往食堂。

他一心想着书中的内容，三口两口吃完饭，准备回宿舍接着看书。谁知他刚从食堂出来，突然有一股强烈的气浪把他冲倒在地，同时听到有人高喊："地震了！"顿时地动山摇，不一会儿，学校的建筑全部倒塌，大火冲天，烈焰升腾。

学校的一切全毁了，几百名学生在地震中遇难，包括提醒他去吃饭的同学。苏步青万分感激那个同学，是他的一句话把苏步青从死神手里拽了出来。苏步青和一些幸存者跑到附近的一个公园避难，他的全部家当都已化为灰烬，连一本笔记本、参考书也没有留下。

苏步青从来没有遇到过这样巨大的灾难。面对变成一片废墟的学校，想到在地震中遇难的同学，苏步青不由得精神恍惚、不知所措，之后还大病了一场。

没有了校舍，东京高等工业学校幸存的学生不得不临时到仙台的东北帝国大学寄读。几个月后，学校举行毕业考试，由于没有任何复习资料，身体也没有痊愈，苏步青只考了个"及格"。他伤心极了。

校方注意到苏步青的情况，认为一向成绩优秀的苏步青不应是"及格"水平。校委会专门对他的学习成绩进行审查，最后经全体教授一致表决通过，单独为苏步青颁发了一张特别的手写毕业证书，上面写着："苏步青，以优等成绩毕业。"

东方国度的数学新星

地震摧毁了苏步青的书籍和笔记本，但是，这也成为他留学生涯的一个转折点。

因为沉迷于数学，苏步青想报考一所好大学。当时只有位于仙台市的东北帝国大学数学系招收同等学力的学生。东北帝国大学聚集了一批日本数学家，他们不仅

第二章

赴日深造

在日本是一流的，在国际上也享有很高的声望。但是，实力雄厚的大学，入学门槛很高，以同等学力报考必须通过难度更大的考试，特别优秀者才能被录取。每年招生时，不仅日本各地的"尖子生"会报考这所大学，还有不少国外的学生报考，入学难度可想而知。

东京高等工业学校的一位老师鼓励苏步青报考东北帝国大学，还写了一封推荐信，介绍了苏步青在校的学习成绩以及对数学的热爱。老师让苏步青拿着这封信去找东北帝国大学的数学系主任林鹤一先生。苏步青很感念老师的帮助，但他作为中国留学生，不想"走后门"，决心凭自己的真才实学考进去，所以他收起了推荐信，没有去找林鹤一。

参加入学考试的 90 名考生来自十几个国家，只有苏步青一个中国人。第一场考解析几何，第二场考微积分，考试时间均为 3 个小时，苏步青每次都只用 1 个小时就答完试卷。几天后，考试结果公布，有 9 人被录取，而苏步青以优异的成绩名列第一。这一消息又引起了一阵轰动。

对苏步青来说，入学考试虽然顺利，但入学后的学习却没有那么容易。有一次，老师让学生用一个下午的时间解题，留完作业就走了。苏步青信心满满地坐在第一排，埋头做起题来。两个小时后，老师回来了。他首先拿起苏步青的作业本，一边看，一边摇头说："这是什么东西，根本不是数学。"随后，老师指出学生们在演算中不符合现代数学精神的地方。苏步青恍然大悟，意识到以前在东京高等工业学校学的数学不够严谨，要想学到真本领，还得加深对现代数学的认识，改进演算的思路。之后，他经常在课余时间去图书馆博览群书，钻研的内容范围远远超出学校设定的专业课程。经过刻苦、勤奋的学习，他的专业水平大幅提高。

有一次，他遇到一道以前没有学过的解析几何题，研究半天后还是一头雾水，毫无头绪。他带着疑问去请教洼田忠彦教授，洼田忠彦教授没有直接解答他的困惑，只是让他自己去图书馆查沙尔门·菲德拉的《解析几何》。苏步青在图书馆看到《解析几何》后大吃一惊，因为这部书一共3册，近2000页，而且是用德文写的。苏步青当时只懂日文、法文和英文，对德文一窍不通。但为了解决数学疑难，他决定迎难而上，一面抓紧时间学习德文,一面"啃"《解析几何》。一个学期结束,他终于读完了这部书。这部书不但解决了他的疑难问题,而且使他的解析几何知识更加系统化。他明白了老师的良苦用心,由衷地感激洼田忠彦教授。

从此以后,每当在学习上遇到困难,苏步青总是先查参考资料,独立钻研。

后来他回国任教,把这个方法教给学生,告诉他们在难题面前不能退缩,应首先独立思考,独立研究。

有人问,这个方法适用于中小学生吗?他说,学习好比是一个孩子在学走路,开始时需要大人在旁边扶着走,随着孩子慢慢长大,总要脱离大人的搀扶,自己试着走,即使会摔跤,也要爬起来接着走。"吃一堑,长一智",经过多次尝试,孩子就可以独立行走了。学习也是如此,开始时老师总要扶一把,之后就应该要求学生在遇到困难时自己多动脑筋,多思考,不能总依赖老师。只有通过自己思考,才能使获得的知识更加牢固。所以,如果遇到不懂或难懂的地方,不要急于寻求帮助,首先自己想想看、做做看。实在想不出、做不出的时候,再向老师请教,这样才能逐步提高个人独立思考、解疑的能力。

另外，这件事还给苏步青很大启发，那就是多掌握一门外语对学习数学大有裨益。

当时，意大利的几何学世界闻名，所以他决心学习意大利语。东北帝国大学附近有一个天主教堂，神父是意大利人。经过几次接触，苏步青提出想跟神父学习意大利语，他答应了。于是，苏步青每天晚上都准时去神父那里学习，风雨无阻。3个月后，苏步青已经可以轻松地阅读意大利语的论著了。读研期间，苏步青与意大利的几位著名数学家通信，得到了他们的指点和帮助。后来，苏步青还用意大利语撰写数学论文，并在意大利的权威专业期刊上发表。

到大学三年级时，由于国内发生战争，公费中断，苏步青的生活费没了着落。眼看学业难以为继，他不得不到校图书馆兼职管理员，当杂志校对员，假日去卖报、送牛奶、做打字员或当家庭教师，通过各种方法赚取学费。系主任林鹤一十分关心苏步青，得知苏步青经济困难，就从自己每个月的薪水中拿出40日元接济苏步青。

后来，林鹤一根据苏步青的专业水平，决定聘请他负责代数课的教学工作,每月工资65日元,职称为讲师。这样苏步青又增加了一份收入。当时,在东北帝国大学的历史上,还没有一个外国留学生兼任过讲师。这件事发生在一个22岁的中国留学生身上,立即成了日本报纸争相报道的一则大新闻。在报批时,负责审议的教授会表示强烈反对,因为让一个名不见经传的中国留学生兼任讲师被认为是荒谬的举动。可是林鹤一始终坚持,并以苏步青各方面的优秀表现来说服教授会,最终聘请获得通过。日本报纸报道此事,很多日本人对此事持有偏见,但苏步青很快就用自己的学识消除了他们的偏见。

苏步青在大学三年级时就写出自己的第一篇数学论文《关于费开特的一个定理的注记》(又名《一个定理的扩充》)。他的导师将这篇论文推荐给《日本学士院纪事》发表。很少有学生的论文发表在学士院报上,何况作者还是一个中国学生,所以这件事轰动了东北帝国大学。之后,苏步青又有多篇论文刊登在校刊上,引起了校内数学系教授与日本数学界专家的重视。

1927年,苏步青从东北帝国大学数学系毕业后,该校教授会一致同意让他免试升入研究院。

1928年初,苏步青在一般曲面研究中发现了四次(三阶)代数锥面,这是几何中的一项重大突破。苏步青也因此获得了研究生奖学金。据说在东北帝国大学历史上,这一奖学金从来没有授予过外国留学生。

苏步青的博士研究方向主要在仿射微分几何上。他以"仿射空间曲面论"为题,在《日本数学辑报》上连续发表了12篇论文,此外还有多篇论文讨论这一方面的课题。到1931年初,苏步青已发表41篇仿射微分几何和射影微分几何方面的研究论文,分别刊载在日本、美国和意大利的数学专业刊物上。他的一些研究成果被国际数学界介绍和引用,他也被称为"东方国度上升起的灿烂的数学明星"。

学成不忘归国

1927年,日本政府的侵略言论激起了中国人民的极大愤慨。民族危机感让在日本留学的中国学生无法安心

第二章
赴日深造

地坐在教室里读书。他们走上街头游行示威,散发传单,抗议日本帝国主义的野蛮行径。

苏步青也积极参加了中国留学生的爱国活动。除了游行示威,他还在中国留学生集会上发表演讲,警告日本当局不要无视中国的主权,中国人民决不当亡国奴。中华民族五千多年的历史证明,谁想征服中国,只能自取灭亡。

苏步青的言行引起了日本警察局的注意,他被认定为留学生中的中共地下党员。

一天晚上,日本特务来到苏步青的宿舍,不由分说地把他抓走关了起来。系主任林鹤一得知消息后,马上联系几名教授,联名写了一份担保书,把他保了出来。释放前,警察局的人恶狠狠地警告苏步青:"你再煽动闹事,当心你的脑袋!"苏步青心里清楚,这并不是吓唬他,当时日本暗杀成风,从事反抗活动随时都有生命危险。但事关国家存亡,苏步青毫不畏惧,被释放后不久,他又参加了一个进步读书会。成员们经常在会上讨论救国救民的道路,大家各抒己见,有时还争论得面红耳赤。在彷徨和苦闷中,苏步青开始阅读社会科学方面

的书刊，这为他以后认识中国共产党的正确主张打下了基础。

当时，中国国内政局动荡，军阀混战，人民生活在水深火热之中，政府根本无暇顾及在国外的留学生，留学生的补助费用被中断了。在衣食无着的窘境中，苏步青四处兼职赚取学费、生活费。有的同学劝他："苏兄，何必如此拼命，你成绩那么好，毕业后混碗饭吃就行了。"安逸舒适的生活确实对苏步青有很大的诱惑力，他一度想尽快找份工作，摆脱穷苦的生活，但一想到洪校长"为中华民族争气"的殷切期望，一种不甘平庸的信念又敦促他打消只看眼前的想法，决心在数学领域做出成绩来。他对同学说："为了民族的振兴，我们没有理由不发奋学习！"

1931年，苏步青以优异的成绩获得东北帝国大学的理学博士学位。随后，东北帝国大学发出聘书，请苏步青留校任教，但他谢绝了。他说："我已经在外漂泊了十多年，游子思乡心切，是报答故乡、报答祖国的时候了，我的父母、恩师和朋友着实令我思念。"

苏步青的勤奋和才华，给东北帝国大学的师生们留

第二章
赴日深造

下了深刻的印象。当老师、同学得知他要回国的消息后，纷纷出面挽留，请他留在日本。有人对他说："国内军阀混战，哪有科学研究的环境？你若回国，不要说耽误个人的前程，可能连生活都无法保证。"东北帝国大学也表示将为苏步青保留半年职位，如果回国后遇到困难，欢迎他随时回来。

其实，苏步青心里不是没有顾虑。正如同学所说，国内的混乱局面不要说无法让人安心研究学术，可能连稳定的生活也难以保证。在这种情况下，何谈科学救国？苏步青还有一个隐忧——他的日本妻子能不能跟他一起回中国？

苏步青的妻子是东北帝国大学松本教授的女儿松本米子，两人恩爱情深，有一个可爱的女儿。

他们的相识是一个"偶然"。那天早晨，苏步青正在宿舍里写一篇关于曲线、曲面的研究论文，忽然窗外传来"嗒嗒"的木屐声，原来是他的老朋友茅诚司先生陪同两位女士来访。他打开门，认出其中一位是茅诚司的未婚妻，另一位则不认识。茅诚司介绍道："这位是松本米子小姐，松本教授的千金。"

苏步青的故事

苏步青早就听说松本教授有一个才貌出众的女儿，而且古筝弹得非常出色。寒暄几句后，他们从筝曲谈起，一直谈到书道、茶道、花道，越谈越投机。一旁的茅诚司和未婚妻则饶有兴致地看着他们。松本米子一直仰慕苏步青，他的睿智与赤诚尤其让她动心。这次看似"偶然"的邂逅，实则是有意接近。从那以后，他们便经常花前月下，携手同行，对彼此的了解也越来越深。

一天，松本米子问苏步青，为什么这么拼命地学数学？学习数学果真有无穷乐趣吗？苏步青回答说，中国的发展需要数学。起初，他也觉得学数学没有听歌、跳舞有趣，但当他把数学与祖国的命运联系起来才发现，这是一个多么富有的宝藏领域。苏步青这种赤诚的报国热情深深地打动了松本米子，她觉得苏步青是一个重情重义、有担当、有抱负的人。

相处一段时间后，苏步青和松本米子的感情越来越深。眼见苏步青回国的决心不可动摇，而两个人又都不愿放弃对方，商量之后，他们决定结婚。可是，松本米子的父亲不赞成他们的婚姻。最后，松本米子的执着以

第二章
赴日深造

及他俩的真情感动了松本教授。在一个樱花盛开的日子，苏步青和松本米子幸福地结婚了。

松本米子婚后放弃了许多社交活动，全心全意当起了家庭主妇。她知道丈夫是个事业心很强的人，于是在生活上无微不至地照顾他，给予他极大的帮助与鼓舞。为了给丈夫创造一个舒适的工作环境，她放弃了自己喜欢的古筝、书法等兴趣爱好，只留下茶道和插花。每当苏步青遇到难题，深夜还在演算、研究的时候，她便为丈夫端来一杯香茶或牛奶。结婚后不久，苏步青就在一般曲面研究中发现了四次（三阶）代数锥面。该学术论文发表后，在日本和国际数学界产生了很大反响，有人称这一发现为"苏锥面"。

看到小两口幸福恩爱的生活，松本教授夫妇十分欣慰。毫无疑问，岳父母肯定希望苏步青留在日本工作，但他的心属于中国。

众人的劝说，事业和家庭的压力，与苏步青心中的一股力量发生了激烈的冲突。他陷入沉思：自己出国留学的目的是什么，不就是为了学成后报效祖国吗？如今，自己已经掌握了知识，有了些本领，难道就这样留在异

第二章
赴日深造

国,而对祖国发生的一切袖手旁观吗?绝对不行!辛勤的父母、授业的恩师、志同道合的同学和朋友浮现在他的脑海里。他默默地对自己说:"回去,一定要回去!"

这天,苏步青忐忑不安地对妻子说出自己的心事。没想到,松本米子坚定地说:"我听你的!不论你到哪里,我都跟你去!"

他说:"我要回国,回到中国去,这是我一直以来的想法。"

"那我也到中国去,你爱中国,我也爱中国。"

"到中国去,我是回家乡,你却要告别亲人,离开家乡……"

"中国是你的家乡,也就是我的家乡……"

"中国的生活很苦……"

"我不怕……"

苏步青被妻子的真诚和坚贞深深地感动了。

让苏步青下定决心回国的还有另一个原因,那就是他与学长陈建功的约定。1929年,陈建功获得东北帝国大学理学博士学位。回国前,他与苏步青约定:待苏步青学成后一起回到浙江大学,花20年时间让浙江大学数学系达到世界一流水准，为国家培养人才。这个约定让苏步青再次想起洪校长的教诲，这不正是洪校长引导他走的"科学救国"之路吗？所以，即便这条路上荆棘丛生，他也要一往无前！

第三章　与浙大共进退

听说苏步青要回国,厦门大学、北京大学、燕京大学纷纷发来邀请,请他去任教,苏步青全都谢绝了。

践约赴浙大

听说苏步青要回国,厦门大学、北京大学、燕京大学纷纷发来邀请,请他去任教,苏步青全都谢绝了。这是因为苏步青与在日本留学期间认识的同乡陈建功之间的约定。陈建功早年来到日本留学,同时就读于东京高等工业学校和东京物理学校(夜校),白天学习化工染色,晚上学习数学、物理。他夜以继日地学习,终于在4年后先后从两所学校毕业。回国后,他任教于浙江某工业学校。一年后,他又考进日本东北帝国大学数学系,毕业后回国任教。1926年冬,陈建功第三次东渡,在东北帝国大学研究生院做研究生。仅用两年半时间,他就写出十几篇关于正交函数论的论文。由于成果卓著，陈建功于1929年获得东北帝国大学理学博士学位。他还用日文写了一部专著《三角级数论》，在日本出版，书中有不少新译术语是他首创的，至今仍被沿用。

苏步青与陈建功相识于1926年冬天，此前苏步青只是听说过陈建功的名字。从1926年开始，苏步青与陈建功成为同窗。陈建功的耀眼成就让日本人对中国人刮目相看，苏步青也视他为学习的榜样。陈建功回国前与苏步青相约，学成后回到家乡，到浙江大学任教，建设一流的数学系，振兴家乡的教育。

1931年3月，苏步青一人先行回国，妻子和孩子则暂住松本教授家中。

在上海开往杭州的火车上，看到江南草长莺飞，一草一木无比亲切，苏步青情不自禁地填词《忆江南》，吐露心声："杭州好，驿路道临平。一塔迎人春有影，四周故道梦无声……"

尽管苏步青在回国前已经做了充分的思想准备，可是到了浙江大学，那里的情况还是令他郁闷。浙江大学的校舍和设备条件非常差，虽然聘书上写着每月薪俸300块大洋，但是学校的经费尚无着落，他名为副教授，

第三章
与浙大共进退

却连续4个月没有拿到1分钱。幸亏苏步青的哥哥已在上海兵工厂做工程师,可以贴补他,他才不至于典当衣物度日。当时摆在他面前的已经不是能不能搞数学研究,而是如何维持生计的问题。何况他的妻女还在日本,需要他挣钱养活。怎么办?再回日本吗?

这时,有人将苏步青的困境告诉了邵裴子校长。深夜,焦急的邵校长敲开苏步青的房门,核实听来的消息。当苏步青无可奈何地将自己的情况和盘托出时,邵校长脱口而出:"不能回去呀,你是我们的宝贝!"苏步青顿时感到一股暖流传遍全身,说:"感谢校长如此器重苏某!""步青,你真的不能去日本啊。现在国难当头,教育界不能错失你这匹千里马!""好,那就不走了!"苏步青犹疑不决的心安定下来。

当年夏天,苏步青踏上前往日本的轮船,去接妻子和孩子。岳父母听他讲完中国的情况,都力劝他留在日本。从物质条件来说,日本东北帝国大学显然比浙江大学优越得多,可是苏步青觉得自己必须信守回国的承诺,必须回浙大!

就这样,苏步青带着家人回到了杭州,他的日本妻子从此跟随他在中国生活。

苏步青在 87 岁高龄回忆已故的妻子时，仍不胜感慨，作一首《悼亡》诗表达对妻子的一片深情：

老来孤独向谁倾，别后凄凉梦亦惊。
点检遗书三两纸，不堪回首望东瀛。

攻坚克难育英才

在教育事业饱受摧残的大环境中，苏步青的教学及科研工作也遇到了很多困难。

刚到浙江大学时，苏步青在数学系担任副教授。浙江大学当时的办学条件十分恶劣，常常欠薪，苏步青一家的温饱都得不到保证。第二年春节，校长勉强送来 20 块大洋，全家人凑合着过了年关。尽管生活艰难，但目睹国内民生疾苦、科技落后的状况，苏步青对于自己与陈建功"花上 20 年时间，把浙大数学系办成世界一流的数学系"的约定更加坚定了。

第三章
与浙大共进退

浙江大学数学系当时只有陈建功教授、苏步青副教授及2名助教和14名学生，苏步青教授4门课：二年级的坐标几何，三年级的综合几何，四年级的微分几何和数学研究甲、乙等课，每星期要上14节课。因为图书馆资料奇缺，他就利用暑假到日本抄写，一个假期竟抄回了20多万字的文献资料。这些资料在浙江大学用了整整20年。

1933年，苏步青晋升为教授。这年秋天，陈建功找到校长邵裴子，提出系主任应由苏步青担任。邵校长起初不同意，但在陈建功的说明与坚持下，苏步青当上了系主任。

陈建功和苏步青一样，不仅是一位优秀的数学家，还是一位了不起的教育家。为了给国家培养人才，他呕心沥血，而且方法独到。他认为，教学一定要与科研结合，如果只搞科研不搞教学，那就要"绝后"。他也非常重视外文，精通英、法、德、日4种外语。他讲课风格鲜明，深入浅出，上课从不拿讲义，经常一支粉笔讲到底。苏步青由衷地佩服陈建功，曾说："陈教授是一个爱国主义者，他的言行给了我很深的影响。"

锐意进取的苏步青与陈建功竭诚合作，大胆改革，开办微分几何和函数论两个讨论班,一人主持一个班。参加者要定期报告自己的研究成果,以及阅读国外最新数学文献的体会,并且互相"质询"、答辩。这个做法迅速把高年级学生推到世界数学发展的前沿。

1934年,浙江大学数学系第一届学生毕业,这也是苏步青从教以来的第一届毕业生,他的心里既欣慰又高兴。特别是他的学生方德植,在他的指导下用英语完成了论文《定挠曲线的一个特征》,论文中对法国著名数学家达尔布的一个公式做了重要改进。论文发表后,国内外许多数学家都把这一成果写进了教科书。

当时科学界有一种消极论调——不出国就培养不出优秀的科学人才。苏步青对于学生能取得这样的成绩非常满意,逢人便说:"谁说中国培养不出人才,我们现在不是培养出来了吗?"可以说,参加讨论班是方德植脱颖而出的重要原因。方德植在讨论班不仅阅读了大量数学著作,而且和教授互相提问,既开阔了视野,又拓展了思路。

之后,方德植在日本《东北数学杂志》、意大利《数学年刊》和中国数学学会主编的外文数学刊物上发表了不少论文。他的一些有关平面曲线和空间曲线的射影微

第三章
与浙大共进退

分几何的研究成果,在当时已走到世界数学界的前沿。

方德植时刻牢记老师苏步青的鼓励:"只要自己肯努力,不一定非要出国。"所以,他3次放弃公派出国留学的机会,从浙江大学毕业后便留校当了苏步青的助教,并借住在苏步青的家里。两个人从师生变为同事,关系更加密切。他们经常一起讨论问题,互相启发,方德植的很多论文就是在那个时期写出来的。

1952年,方德植到厦门大学担任数学系主任。他以渊博的学识和丰富的经验,为厦门大学数学系制定了先进的教学计划。他用苏步青传授的方法教育学生,并且在厦门大学组织了讨论班。后来,厦门大学数学系取得了举世瞩目的教学成就,数学家陈景润就是方德植的学生。

在培养学生的过程中,苏步青和陈建功除了紧抓系里的数学教学,还注重培养学生良好的学风和生活作风。他们以身作则,严于律己。有一个从上海来的女学生,因不习惯紧张的学习生活,开学几天后就跑回上海,在父母的催促下才回校上课。苏步青知道后对她严肃批评,并且"惩罚"——让她在黑板上演算习题,做不出来不准下去。她就这样被"挂"在讲台上1个多小时。从那以后，这个女学生将全部心思都用在学习上，养成了严谨治学的良好学风，后来成为出色的物理学家。

苏步青和陈建功大力倡导教学与科研相结合，这样既能培养优秀的人才，又会有高质量的论文发表。美国、日本、英国、法国、德国、意大利、比利时及秘鲁等国的数学杂志，都发表过浙江大学数学系师生的论文，国内青年学生中一度流传"学数学就要去浙大"的说法，甚至印度著名数学家也曾把研究生送到苏步青这里来学习微分几何。

在浙江大学，苏步青不仅教书育人，培养出一批批数学人才，还凭借自己的学识与孜孜不倦的科研精神，在数学研究领域取得了举世瞩目的成绩。种种学术突破使苏步青赢得了"东方第一几何学家"的称号，苏步青及其同事被很多国外数学家称为"浙大学派"。

苏步青在浙江大学任教20多年，培养了近100名学生，其中在国内10多所著名高校担任系领导的就有25人，有8人成为中国科学院院士。在复旦大学数学研究所，苏步青更有弟子谷超豪、胡和生、李大潜等，留下了4位院士共事的佳话。

8年离乱中的坚守

1937年，日本帝国主义全面侵略中国。浙江处在抗日战争的前线。10月24日，日军攻陷杭州，浙江大学师生700多人在校长竺可桢的指挥下撤往建德。师生们原以为只是暂时躲避，不久就能重返杭州，没想到战火蔓延，回杭州的希望破灭了。

建德在杭州西南约120公里处，古称严州。浙江大学师生在建德上了1个多月的课，基本完成了这个学期的教学。在此期间，南京国民政府沿长江西迁，苏州陷落，日寇南侵，建德已不是安居之地。为了全校师生的安全，校长竺可桢动员师生继续西迁，以保存中国科研领域的中坚力量。

这时，苏步青接到一封特急电报，日本东北帝国大学聘请他为数学教授，待遇优厚。苏步青丝毫不为所动。他告诉妻子，学校准备内迁，让她抓紧时间收拾行李，

第三章
与浙大共进退

做好准备,他自己则忙于系里的内迁准备工作。

一天,日本驻杭州领事馆的一个官员来到苏步青家,对已改名为"苏松米"的松本米子说:"听说夫人是日本人,去国多年,不知夫人是否有意到我们领事馆品尝日本饭菜,我们将热情款待。"松本米子淡淡地说:"很遗憾,我已经过惯了中国人的生活,吃惯了中国饭菜……"来人听了,悻悻离去。

过了几天,又有人上门游说:"苏先生,您的夫人是日本人,日军来了也不会对您怎么样,您何必内迁呢?"苏步青闻言非常生气,直率地对来人说:"你是想让我当汉奸吗?"来人见苏步青铁了心要跟随学校内迁,讨了个没趣便走了。

不久,苏步青又收到一封来自日本的特急电报,说他的岳父松本先生病危,让他们夫妇火速回日本见最后一面。面对优厚的待遇,苏步青毫不动心,但是亲人病危却使他去留两难。岳父一向宅心仁厚,深受他的尊敬。何去何从,苏步青面临着痛苦的抉择。他心里明白,在日军疯狂侵略中国的时候去日本,势必很难再回来,而自己为祖国做的事情还太少。

经过再三思考,苏步青决心留下来。他把电报交给妻子，以平静的口气对妻子说："现在这个时候我不能去日本，要不你回去吧，我要留在自己的国家，我的根在中国。"

松本米子非常理解丈夫的处境，说："日本，我现在也不能回去了，如果我回去，我们恐怕再难见面，我要跟着你！"

与妻子商量后，苏步青给岳父写了一封回信，说："我的祖国是中国，祖国毕竟是生我育我之母，祖国灾难无论如何深重，我都要和祖国共患难、同甘苦……"

苏步青的爱国言行深深感动了浙江大学的师生，他们纷纷前来问候，对他表示由衷的钦佩。很多浙大学子也由此坚定了精忠报国的决心。

学校搬迁前，因为家里孩子比较多，年龄也小，一家人行动不便，苏步青决定先送妻子和孩子到平阳乡下避一避，不跟学校一起走。

校长竺可桢非常关心苏步青一家，担心苏步青的妻子是日本人，在路上会遇到麻烦，于是在苏步青送妻儿离开杭州之前，特地向浙江省政府主席朱家骅申请了一张特别通行证，以便路上遇到关卡时免遭盘查。果然，苏步青一家路过丽水时，汽车站的站长前来检查，说：

"据我们了解,你的夫人是日本人,按规定我们要检查。"苏步青拿出朱家骅的手令,站长仔细查看后,不甘心地将他们放行了。

西迁途中充满艰辛,浙大师生几经辗转,历经浙江建德、江西吉安、广西宜山,长途跋涉2500余公里,于1940年2月抵达贵州湄潭。之后,浙大的理工学院便设在湄潭。

刚到湄潭时,苏步青的妻小还在老家平阳。一天,竺可桢对苏步青说:"你不要等暑假再回去,将来经衡阳回浙江的这条路肯定走不通,趁现在勉强还能走,你赶快去把家眷接来。"

苏步青为难地说:"校长,我没有钱当路费,再说搬家也要不少花费。"竺可桢似乎早有准备,忙说:"钱不用愁,学校替你包下来。"没过几天,竺可桢批给苏步青900块大洋,苏步青感谢校长的鼎力救急。临走前,竺可桢对他说:"我已关照浙江大学在沿线管交通的校友,在路上给予你帮助。若有需要,你随时可以去找他们。"

1940年4月,苏步青和陈建功一起出发,经江西鹰潭回浙江温州。一路上,他们目睹了战争造成的破坏,到处是流离失所的难民和废墟瓦砾。

回到家乡后,苏步青稍作休息和准备,于5月带着全家人从平阳起程。一路上颠簸艰险,从温州到柳州近1600公里的路,他们走了35天,又在柳州等了一个星期才买到车票,得以返回在湄潭的浙大。

竺可桢得知苏步青已经带家眷回校,兴高采烈地说:"这下我就放心了。"此后,苏步青一家人和著名植物生理学家罗宗洛一家合住在湄潭的一座破庙里。这座破庙同时也是浙大数学系的课堂。

和浙江比起来,贵州的条件更加艰苦,浙大师生常常靠吃地瓜蘸盐巴果腹。学校想尽办法,但粮食和蔬菜的供应还是远远不够,只得动员师生开荒种地,一边做学问,一边种庄稼,通过自给自足来解决温饱问题。

在如此艰苦的条件下,浙大数学系仍然坚持教学,开办讨论班。湄潭在贵州省北部,日军虽然没有打到这里,却经常派飞机来轰炸。为了躲避轰炸,浙大数学系只得把课堂搬进山洞。苏步青要求学生不能中断研究,定期来山洞报告和讨论,他自己的数学研究也照常进行。这一时期,苏步青灵感迸发,成果斐然,完成了《射影曲线概论》一书。后来成为数学名家的熊全治、白正国、

张素诚、周茂清和方淑姝，也都是在这一时期毕业的。

受战争影响，后方的经济已经崩溃，物价飞涨。苏步青靠一个人的工资要养活一大家子，其中的辛酸可想而知，他的一个儿子刚出生不久就因营养不良而夭折。苏步青常常穿着补丁摞补丁的衣服给学生上课，当他在黑板上画几何图形时，学生们对着他的背影低声笑道："看，苏先生衣服上有三角形、梯形、正方形，样样俱全，还有螺旋曲线！"虽然这只是玩笑话，但松本米子知道后心里很难过，责备自己没有尽到妻子的责任。她偷偷把结婚时外祖母送给她的玉坠当了，给苏步青做了一身新衣服。苏步青回家看到新衣服后感到奇怪，家里怎么还有余钱给他做新衣服？在知道事情的原委后，他不忍心责怪妻子，只是心疼地看着面前消瘦的妻儿，久久无言。他们住的破庙前有一片空地，苏步青已经很久没有干过农活了，可是为了家人的生活，他硬是在放下粉笔后又拿起锄头来翻地种菜。

竺可桢是位帮浙大师生解困救急的务实的校长。听说苏步青一家生活困难，他就请浙大附中校长将苏步青的两个孩子改为公费生，免交伙食费。可是，浙大附中规定，公费生必须住校。孩子若在家住，还可以几个孩子合盖一床被子，住校的话就得每人一床，这样一来，家里的几个孩子就没有被子盖，苏步青十分为难。竺可桢知道后，又去跟附中校长商量，特许苏步青的两个孩子在家住。

为了进一步解决苏步青的生活困难，竺可桢向教育部申请将苏步青作为"部聘教授"，并得到了批准。于是，苏步青的薪水增加了1倍，生活也有了一些改善。

在西迁的7年中，浙大以"求是"精神和严谨民主的校风，给黔北人民留下了深刻的印象，师生们的爱国主义精神也深深感染了当地民众。浙大的一些教授成立了湄江吟社，苏步青也参与其中。他们吟诗填词，相互唱和，赞美祖国的壮丽河山，歌颂前线的抗战英雄，抒发忧国忧民的情怀，寄托对故乡的思念，表达抗日战争必将胜利的乐观主义精神。

湄江吟社共组织了8次活动，由各成员轮流主持，每次都设定主题。1943年5月，湄江吟社举办第四次诗会，以试新茶为主题，苏步青作诗：

翠色清香味可亲，谁家栽傍碧江滨？
摘来和露芽方嫩，焙后因风室尽春。

当酒一瓯家万里，偷闲半日尘无尘。

荷亭逭暑堪留客，何必寻僧学雅人。

第八次诗会于1943年10月举办，以冬日为题，或咏物，或抒情，或写意，取杜甫诗句"天风随断柳，客泪堕清笳"为韵。这是湄江吟社的最后一次活动，因为有的成员将去遵义上课，有的成员因学术研究要去其他地方，难以再聚。苏步青写了近200字的长诗，流露出深深的不舍之情，"他年重返江南日，定答西风酒一卮"，自叹"锦帆依旧无消息，那堪瘦骨更支离"。

抗日战争胜利后，浙江大学终于迁回杭州。西迁的经历使浙江大学实现了蜕变：科研成果影响广泛，学术百家争鸣，人才辈出，从一所地方性的普通大学一跃成为有名的全国性大学，被英国著名的科学史家李约瑟誉为"东方剑桥"。

第三章
与浙大共进退

 不惧白色恐怖

1948年,国民党的反动统治濒临崩溃。但是,黎明前的黑暗仍然密不透风地笼罩着浙江大学。浙江大学的师生为了迎接杭州解放,防止国民党反动派在溃逃前进行破坏,开展了护校运动。

1949年1月,浙江大学学生自治会选举出7人为应变委员会成员。随后,校务委员会推举蔡邦华等4人,加上校长邀聘苏步青等3人组成了安全委员会,共同保卫学校。4月24日,由胡刚复等25人组成的联合机构成立,命名为"浙江大学应变委员会",委员会由7人组成主席团,严仁赓为主席,苏步青为副主席,下设购物、水电、警卫等11个小组。

从1948年起,浙江大学陆续换了几任训导长。一天,竺可桢找到苏步青,希望由他担任训导长,苏步青一时不知该怎样回答。因为训导长一般要国民党党员才能担

任，而且这个岗位的职责是压制学生运动。他当然不会站在这一边，但支持、保护学生又要冒极大的风险，所以不能不慎重对待。

竺可桢和苏步青一起工作多年，熟悉他的为人，知道他同情进步学生，而且他有一定的名气，国民党当局不敢轻易对他下手。同时，浙江大学的学生也给予苏步青极大的信任，联名请求他当训导长。

入夜，苏步青在床上辗转反侧。他想，自己现在是院士，与浙江省政府主席陈仪是老相识，还兼任航空学校校长，如果能够利用这些有利因素来保护学生，岂不是更为保险？打消了心中的顾虑后，苏步青当上了浙大训导长。上任第一天，苏步青组织修建了学校大操场一段倒塌的围墙，以保护校园和学生的人身安全。他发动数百名学生、教师和工人一起砌墙，自己也参与其中，仅用3天，这段围墙便砌好了。

淮海战役结束后，蒋介石被迫宣布"引退"，由李宗仁担任代总统。李宗仁上台后即发表文告，其中提到释放政治犯。竺可桢和苏步青当即申请保释5名被捕的学生。苏步青和数百名学生来到浙江省第一监狱，由苏步青出面作保，按了手印，将5名学生保释出狱。

随着形势的发展，环境越来越复杂。1948年，国民党政府预感末日来临，一些要员纷纷逃往台湾。有人提出，要使苏步青站在国民党这边，首先要设法将他的孩子一个个送往台湾。苏步青起初并不知道这是国民党的计谋，他跟妻子商量对策，妻子说最好跟陈建功商量一下。苏步青便找到陈建功，说自己孩子多，生活困难，想趁这个机会把几个孩子送到在台湾的哥哥苏步皋那里。陈建功极力劝阻道："不能去，孩子到了台湾，将来可能会落入国民党手里，变成他们要挟你的人质。"苏步青恍然大悟。回到家里，他告诉妻子国民党的阴谋，并叮嘱她千万看住孩子，不放他们去日本留学，更要警惕国民党将他们骗到台湾去。

1949年春，中共地下党组织中共杭州市工委给苏步青送来贺年卡，贺年卡上有毛泽东的署名。苏步青从他的学生、地下党员谷超豪那里拿到贺年卡并读了其中的内容，深深感受到中国共产党对自己的信任，更加坚定了跟随中国共产党的信念。

同年3月，大批国民党官员开始逃跑。国民党当局也给苏步青准备了机票，苏步青断然拒绝。他毅然决定留在杭州，迎接新中国的曙光。

第四章 数学王国的诗人

苏步青从小就钟爱旧体诗,这得益于他幼年时骑在牛背上读《千家诗》《西游记》《三国演义》等古代经典书籍的经历。

文理并进的数学家

苏步青虽然是我国科学界有名的数学家,但他在文学方面也独树一帜。

苏步青从小就钟爱旧体诗,这得益于他幼年时骑在牛背上读《千家诗》《西游记》《三国演义》等古代经典书籍的经历。那段经历培养了他对旧体诗的独特感情。他 13 岁就开始写诗,直到暮年,旧体诗依然伴随着他,给他的生活带来无穷的乐趣。

旧体诗的格律对孩子来说是陌生的。苏步青少年时还不懂旧体诗的格律,文言文中的冷僻字也大多不认识,他只凭兴趣念些古诗和民谣。民谣念多了,他从中感受到劳动人民的艰辛，加上年幼时的劳动经历，于是渐渐对劳动人民产生了深厚的感情，同时也从劳动人民的生活中悟出韵味来，诗成了他不可或缺的朋友。

进入学校后，苏步青通过查《康熙字典》识字，更加全面地理解诗词的意境，对诗词的兴趣更浓厚了。文言文、旧体诗的大门也在向他慢慢打开。

上学时，他不仅数学成绩突出，文科成绩也非常优异。中学时，他能完整地背出《左传》和《唐诗三百首》，对《史记》《汉书》中的名篇也熟能成诵，并且有独到的见解。"暮春三月，江南草长，杂花生树，群莺乱飞""大漠孤烟直，长河落日圆""鸡声茅店月，人迹板桥霜"……都是他耳熟能详的。他知道，王安石的名句"春风又绿江南岸"中的"绿"字曾改动过 4 次："到""过""入""满"，最后才确定为"绿"。古人作诗用字之审慎、态度之严谨、修辞之高妙，令他印象深刻。

青少年时代的苏步青不仅通览史书、小说、杂文等，而且有自己的一套读书方法。他说："读书，第一遍可先读个大概；第二遍、第三遍逐步加深体会。我小时候读《红楼梦》《西游记》《三国演义》都是这样。小时候最喜欢读的是《聊斋志异》，自己也记不清读了多少遍。起初有些地方读不懂，又无处查，就先读下去再说；以后再读，逐步加深理解。读数学书也是这样，要把一部书一下子全部读懂不容易，我一般是边读、边想、边做习题。什么时候才算读好、读精了这本书呢？直到你知道这本书的优点、缺点和错误时，那才算。一部书也不是一定要完全读通、读熟，即使全部读通了、读熟了，以后不用也会忘记。但这样做可以训练读书的方法，有助于学习掌握一本书的思考性和艺术性。"

在中小学时打下的基础加上掌握了良好的学习方法，让苏步青后来专攻数学时，比其他人进步更快。当了教师后，他也用这种方法灵活变换角度去品评别人的作品。他在指导学生的毕业论文时发现，有的学生写的论文内容不错，但"导言"部分却写得极为平淡；有的学生写的论文不够规范，语句不通顺，特别是学理科的学生，词汇枯燥贫乏，文字不生动，甚至词不达意。因此，他一直强调高校学生，尤其是理工科学生一定要学文学、历史，学会修辞、写作。

"深厚的文学、历史基础是辅助我登上数学殿堂的翅膀，文学、历史知识帮助我开拓思路，加深对数学的理解。以后几十年，我能吟诗填词、出口成章，很大程度上得益于初中时文理兼治的学习方法。我要向有志于学习理工、自然科学的同学们说一句话：打好语文、史、地基础，可以帮助你们跃上更高的台阶。"这是苏步青以出色的成就蜚声海内外时告诫学子们的话语。

后来，苏步青在复旦大学当校长的时候，有一年招了一批有数学天赋的学生进行专门培养。然而，他们不久就暴露出明显的不足，逐渐落后于其他学生。经过对他们的学业进行仔细检查，苏步青得出的结论是语文基础太差，普遍欠缺阅读能力和表达能力。此后，苏步青将语文列为自主招生考试的必考科目。"复旦大学自主招生别的科目可以不考，语文必须考，考完就判卷子，不合格的，下一门功课就不用考了。基本的语文都学不好，别的也难学出什么出息。"苏步青说，"假如说数学是科学王冠上最璀璨的明珠，那么我认为文学就应当是王冠之底座。文学是数学的基础，因此我们要重视语文学习……"

记者根据苏步青的谈话记录整理并刊登《略谈学好语文》一文。文章内容如下：

第四章
数学王国的诗人

学好语文很重要。语文是表达思想感情的工具，没有一定的语文基础，就不能很好地表达思想感情。七六年天安门出现了那么多动人的好诗，表达了对周总理的深切哀悼。如果你没有相当的语文表达能力就写不出来；即使写了，也表现不出那样的怒火，那样的热情。

作为中国人，总要首先学好中国的语文。中国的语文有特别好的地方。譬如诗歌吧，"绿水"对"青山"，"大漠孤烟直"对"长河落日圆"，对得多么好！外国的诗虽也讲究押韵，但没有像中国诗歌这样工整的对偶和平仄韵律。一个国家总有自己的语言文字，作为中国人，怎能不爱好并学好本国的语文呢？

有人认为只要学好数理化就可以了，语文学得好不好没关系。这个看法不对。数理化当然重要，但语文却是学好各门学科的最基本的工具。语文学得好，有较高的阅读写作水平，就有助于学好其他学科，有助于知识的增广和思想的开展。反之，如果语文学得不好，数理化等其他学科也就学不好，常常是一知半解的。就是其他学科学得很好，你要写实验报告，写科研论文，没有一定的语文表达能力也不行。一些文章能够长期传下来，不但因为它的内容有用，而且它的文字也是比较好的。再说，学习语文与学习外语的关系也很密切。有的同志科学上很有成就，但是要他把自己的论文译成英文，或者把英文译成中文，都翻译不好。中国的语言是很微妙的，稍不注意，就会词不达意。翻译要做到严复所提倡的"信、达、雅"很不容易。所以，要学好外语，一定还要学好中文。

这样看来，学习语文太重要了。语文学得好不好，不但直接关系到青少年知识的增长，而且对整个民族的科学文化水平的提高和社会主义建设的进展有很大关系。我们要多跟青少年讲讲这些道理。青少年学习起来是很快的，我自己就有这样的体会。

我出生在穷乡僻壤，浙江平阳的山区。家前屋后都是山。我父亲是种田的，很穷，没念过书。但他常在富裕人家门口听人读书，识了一些字，还能记账。父亲很知道读书识字的好处，他对我们的教育很严。每天晚上，父亲从田里劳动回来，吃过饭，就要查我们的功课。有一次，哥哥念不出，给父亲狠狠打了一顿，我见了很是害怕。我九岁那年，有

第四章
数学王国的诗人

一次,一个"足"字我不会解释。母亲生怕父亲回来打我,就站在村口找人问字,可是站到天黑,问了许多人,还是没人能解释这个字。幸而这天晚上我没挨打,也没挨骂。我们村里没有学校,十来个孩子请了个没考上秀才的先生教书。他教我们读《论语》,读《左传》。

……………

我初到城里,对许多东西都很好奇,学习不用功,贪玩。到了学期结束,我考了个倒数第一名——我们那里叫"背榜"。记得那年,我曾作了首好诗,可老师不相信,说我是抄来的。后来老师查实了,知道确是我作的,就对我说:"我冤枉你了。你很聪明,但不用功。你要知道你读书可不容易,你父亲是从一百多里路外挑了米将你送到这里来读书的……"这话对我刺激很深,从此我就发奋学习了……我从"背榜"跳到第一名。这以后,我不但学习勤勉,而且养成良好习惯。不论在少年时代还是在日本留学期间,我总是每晚十一时睡觉,早上五时起床,虽严寒季节亦如此。

一九一五年,我进了当时温州唯一的一所中学。

那时，我立志要学文学、历史。一年级时，我用《左传》笔法写了一篇作文。老师把它列为全班第一，但又不完全相信是我写的。问我："这是你自己写的吗？"我说："是的。我会背《左传》。"老师挑了一篇让我背，我很快背出来了。老师不得不叹服，并说："你这篇文章也完全是《左传》笔法！"《史记》中不少文章我也会背，《项羽本纪》那样的长文，我也背得滚瓜烂熟。我还喜欢读《昭明文选》。"暮春三月，江南草长，杂花生树，群莺乱飞。"（丘迟《与陈伯之书》）我欣赏极了。还有《资治通鉴》，共有二百多卷，我打算在中学四年里全部读完，第一年末，我已读完二十来卷。这时，学校来了一位因病休学从日本回来的杨老师。他将从日本带回来的数学教材翻译出来，让我学。第二年，学校又来了一位日本东京高中毕业的教师，他教我们几何，我很感兴趣，在全班学得最好。从此，我就放弃了学文学和历史的志愿而致力于攻读数学，但我还是喜欢写文章。

  我后来成了数学专家，但仍然爱好语文。我经常吟诵唐宋诗词，也喜欢毛主席的诗词，特别是《到

韶山》这一首。"为有牺牲多壮志，敢教日月换新天。喜看稻菽千重浪，遍地英雄下夕烟。"毛主席把"为有"二字用活了。现在，每晚睡觉前，我总要花二三十分钟时间念念诗词，真是乐在其中也。一个人一天到晚捧着数学书或其他专业书，脑子太紧张了，思想要僵化的。适当的调节很重要，可以帮助你更好地学习专业。我写的诗也不少，但不是为了发表，大多是自娱之作。

…………

我从小打好了语文基础，这对我学习其他学科提供了很大的方便。我还觉得学好语文对训练一个人的思维很有帮助，可以使思想更有条理。这些对于我后来学好数学都有很大好处。

现在的学生语文基础不够扎实，古文学得太少。当然不一定都要读《论语》，但即使是《论语》，其中也有不少可学的。"学而时习之，不亦说乎"不是很好吗？"每事问"，不要不懂装懂，这也对。《古文观止》二百二十篇不一定要全部读，《前赤壁赋》《前出师表》等几篇一定要读。有些文章虽然是宣扬忠君爱国思想的，但辞章很好，可以学学它的文笔。此外,《唐诗三百首》《宋词选》中都有很多好作品,值得读。

....

人的生命是短暂的,不过几十岁,但充分利用起来,这个价值是不可低估的。细水长流,积少成多;锲而不舍,金石可镂;坚持到底,就是胜利。学习语文也是这样。我对数学系的青年同志要求一直很严,一般要学四门外语,当然,首先中文的基础要好。我还要他们挑选一本自己喜欢的文学书,经常看看、读读,当作休息。

还有,青少年学写字很重要。字要写得正确,端端正正,正楷学好了再学行书或草书。这样,字才写得好。我经常收到青年来信,有的信上错别字连篇。有的连写信的常识也没有:信纸上称我"尊敬的苏老",写了许多敬佩我的话,信封上却是写"苏步青收"。加一个"同志"不可以吗?我的孙子给我来信也是这样,我批评了他。第二次,他写成"苏步青爷爷收",我又批评他:信封上的称呼主要是给邮递员同志看的,难道邮递员也能叫我爷爷吗?以后他改成"苏步青同志收"了。

总之，青少年时期的教育很重要。人在这个时期精力最旺盛，记忆能力、吸收能力都很强，不论学什么进步都比较快。要充分利用这个特点。我在青少年时期读书条件差，见识也少，到十七岁时才看见汽车、轮船。现在的青少年接触的东西多，见识广，可以看到各种图书资料，还能从广播、电视中学到不少知识；党和国家非常关怀青少年的学习，为青少年提供学习的方便。因此，要十分珍惜这样好的条件。

（有删改）

　　苏步青把学数学和学诗歌结合起来，数与诗交融。他认为数与诗有共性，这种共性就是想象力，如果这个共性体现在一个人身上，便会有独特的感受。他说："搞数学的人不能总是在数学中转圈，我爱在休息之时读些诗词，以此对大脑进行调节，如同听音乐所起的作用。再说了，数学是讲究逻辑推理的，诗歌也不可无逻辑性。别的不说，就是押韵与平仄，便非常有规律。如果不讲究规律，诗的味道便差远了。"

　　苏步青一生不仅留下10多部数学专著和150多篇

数学论文,而且有500多首旧体诗。他的诗作朗朗上口,通俗易懂,寓意深长。

苏步青的外语水平也很高。他曾说:"学术是跨越国界的,做学问就要懂得中文和外文。良好的外文水平,可以用来查阅外国科学论文、资料,做到为我所用。"他下苦功,并达到惊人的水平,不仅能够熟练地说、写、翻译日语和英语,而且能熟练地阅读法文、德文、俄文及意大利的文献资料。这几门外语是苏步青在25岁之前学会的,即使年纪大了,也仍然坚持练习。持续的学习开阔了他的眼界,文理并进是他不断创新的动力源泉。

家国眷恋赋诗篇

起初,苏步青读诗词时,只知道诗词中蕴含着大智慧,但他对读过的诗只是一知半解。读得多了,他渐渐进入作者描绘的情境,感叹不已。诗是迷人的,读者一入迷,诗道就显现出来了。后来,他触景生情,诗文佳

苏步青的故事

句往往能够信手拈来。

十几岁时,他就在家乡作出一首一鸣惊人的《言志诗》:

清溪堪作带,修竹好当鞭。
牵起卧牛走,去耕天下田。

苏步青在诗词中对故人、故乡着墨较多。他是温州平阳县人,小时候是放牛娃,所以在诗中多次写到放牛时的感受,比如,"卧牛山下农家子,牛背讴歌带溪水""牛背笛横斜日渡,羊肠径逐故园门。秋来处处堪留恋,朱橘黄柑又几村"。学成归国后,他成为举世闻名的数学家,但他对家乡的感情却始终如一,"梦里云烟寺里钟,十年雁荡养吾胸"。

有一次,苏步青与客人交谈,说:"诗以言志嘛,我的诗常常寄托我的真实感情。"

在战乱时,为了躲避日军,苏步青全家不得不搬到家乡水头镇。晚上听到燕子扑翼的声音,他想到自己一路颠簸,不由得思绪万千,写下一首《燕子》:

第四章
数学王国的诗人

燕子来何处，深宵宿我家。
声嘶知路远，翼破想风斜。
故里堂终废，新巢愿尚赊。
江南云水足，莫再向天涯。

苏步青写景的方法十分独特，常常以韵写景，表达对祖国河山的热爱，如《清平乐》：

竹庐雨后，稚子门前候。
初夏绿窗人如旧，仿佛几分消瘦。
而今洒却闲愁，凉风浅醉登楼。
吩咐溪边杨柳，殷勤为系归舟。

"稚子门前候"是由陶渊明《归去来兮辞》中"稚子候门"而来，使整首词有一种闲适的归来之感。

1939年，苏步青在广西宜山颠沛流离，写了一首《龙江晚眺》：

风逐溪云宿雨收，山城春半却如秋。
谁家箬笠归耕晚，影落斜阳古渡头。

苏步青的故事

黄昏时,他立于江边,看到农家收耕晚归,战乱中难得的农耕生活景象让他感叹不已。

1940年,苏步青回到故乡平阳,游了南雁,写下很多优美的诗词,如《南雁爱山亭晚眺》:

> 爱山亭上少淹留,烟绕村耕欲渐休。
> 牛背只应横笛晚,羊肠从此入山幽。
> 云飞千嶂风和雨,滩响一溪夏亦秋。
> 长忆春来芳草遍,夕阳渡口系归舟。

苏步青十分熟悉南雁荡山的环境,把碧溪渡、云关等景点描绘得呼之欲出。

1942年,友人在送苏步青的诗中写道:"子规声里情难遣,心逐飞鸿雁荡边。"他应和道:"云关千级迂仙道,月牖孤悬印雁行。"家乡的老同学带来南雁特产香鱼干,他又深情地写道:"闻道家园秋已晚,西风不用忆鲈鱼。"

1945年抗战胜利,在西南山区避战多年的苏步青很想回家乡看一看,却苦于没有机会。为此,他在《梦游仙姑洞,醒后口占》中写道:

第四章
数学王国的诗人

> 梦里仙姑画里行,居然一水竹排轻。
> 不知窗际寒灯影,竟化山头皓月明。
> 华表鹤归春有讯,云关雁断夜无声。
> 可怜咫尺家园路,只为晓钟回未成。

窗前的寒灯竟化为家乡卧牛山头的明月,可见苏步青的思乡之情。

1946年,苏步青写下《春日湖上口占二首》,其中第二首诗写道:

> 春日湖中载酒迟,十年重到真如痴。
> 堤边尽是青青柳,管了人间几别离。

历经战乱,重返杭州,湖山依旧,几度沧桑,诗中自然而然地流淌出一种厚重的历史韵味。咏西湖的诗作很多,但他的诗自有其不可替代的艺术价值。

北雁北归故里的情怀为苏步青所喜爱,在他的作品里,也有不少赞颂北雁的诗。1961年,他看到北雁北归,写了一首《宿灵峰寺》:

灵峰佳境古仙居，四面林峦画不如。
滩响一溪新雨后，月明千嶂夜凉初。
雄鹰晚歇凌风翼，玉岫晨装对镜姝。
闻道龙湫更奇绝，明朝诗思未应孤。

次日游大龙湫，他写了一首《大龙湫》：

自古闻名奇雁荡，今朝饱看大龙湫。
水晶帘挂千盘箔，白玉丝经万丈绸。
轻雾生时银练直，寒光落处碧潭秋。
向阳返照高台上，五彩缤纷一望收。

苏步青多年居住在杭州，数次游览西湖，因此，他描绘西湖美景的诗可以说数不胜数。

1979年3月，全国数学会理事会在杭州饭店开会。苏步青在忙碌之余写下一首《早春宿湖滨赋》：

波光山色互争辉，烟树云林间翠微。
寒恋枝头桃未腐，春沿堤岸柳初眉。
催花夜雨还惊梦，迎客朝晴又送归。

曷效孤高和靖老，梅妻鹤子渡生涯。

游览西湖六和塔后，苏步青留下一首绝句：

六和塔影自崔巍，几度狂风急雨催。
欲望故乡千里远，直须更上一层来。

1980年8月，苏步青在湖州市莫干山疗养一个月，其间写下几首动人的诗，其中一首写道：

重访莫干今老翁，杖藜犹幸未龙钟。
瀑声千级迂回路，篁影万竿高下丛。
日暖山秋怀往事，河清人寿庆新容。
吾生难得闲如是，拟看朝阳攀顶峰。

1980年，中宣部委托浙江省委宣传部试办平阳、湖州、诸暨及江山4家报纸，平阳报社副总编辑郑立于向各地平阳籍知名人士去信去电，请求给予支持。没多久他就收到苏步青的回信，信中附七绝一首，诗云：

第四章
数学王国的诗人

梦里家山几十春，寄将瘦影问乡亲。
何时共赏卧牛月，袖拂东西南北尘。

此外，还有题识："《平阳报》复刊纪念，庚申仲秋，苏步青。"

平阳县地名志办公室负责人通过平阳报社给苏步青写信，请他为地名志扉页题词。苏步青十分珍重乡谊，没过多久，平阳县地名志办公室便收到苏步青的诗：

地灵人杰我平阳，鳌水雁山鱼米乡。
众志成城此宏业，书传万古泽流长。

这首诗的题识为："小诗恭贺《平阳地名志》出版，一九八五年，苏步青。"

不久，苏步青又去信，并附上一首亲自题写的七律：

少年意气老来收，漫道寿夭能得侔。
世自分三成一局，生难满百虑千秋。
客怀似水终嫌淡，别梦如烟转觉浮。
苦忆钱塘明月夜，何人江上弄潮头？

苏步青的故事

诗中的"世自分三成一局,生难满百虑千秋。客怀似水终嫌淡,别梦如烟转觉浮",引人深思。苏步青在浙江大学工作多年,所以结句云:"苦忆钱塘明月夜,何人江上弄潮头?"激励后人要站在时代的前列,勇敢地做"弄潮儿"。

1983年7月的一天,平阳报社副总编辑郑立于收到一封信。他打开一看,原来是苏步青书写的七律,诗曰:

旧山遥隔白云端,梦里春深听杜鹃。
衣锦夜行非昔日,闻鸡起舞记当年。
锲而不舍镂金石,老益无能让俊贤。
忆得坡公誓江水,难忘乡井未归田。

题识为:"癸亥春节,退居二线,赋此自娱,书奉郑立于同志法家雅正。复旦大学八十一翁苏步青。"

苏步青用诗词把大自然和社会生活描写得淋漓尽致。他说:"旧体诗并不是想写就可以写出来的,喜欢写诗并不等于就能写好诗。首先要有内容,主题需要清楚,这叫'心灵美'。同时又不能缺少好的句子,这叫'外表美'。两者结合得好,才能表里如一,写出的诗才能让人惊叹叫绝。"他的诗作既有"心灵美"又有"外

第四章
数学王国的诗人

表美",既有丰富的内容又具有华美的形式,内容与形式紧密结合,优美动人。

忧山河,赤子情

在祖国山河遭受日本侵略者践踏的岁月中,苏步青虽身在西南边陲,但时时感慨的是"画角声声催铁血,烽烟处处缺金瓯",念念不忘的是"万里家乡隔战尘,江南烟雨梦归频。永怀三户可亡秦"。内战时期,苏步青的诗词流露出感时伤世、心忧天下的情怀:"极目东西无净土""愁闻鼙鼓动余哀"。在饱受炮火轰击的苦难岁月里,他的诗词多为忧患、沉郁之作,表现了他爱国忧民的赤子之心。

1939年,苏步青赴宜山时作了一首《菩萨蛮》:

轻车侵晓鹰潭发,清江时见还时没。
天远路迢迢,长桥更短桥。

苏步青的故事

　　他乡容易别,千里逢佳节。
　　况复捷长沙,明春归看花。

　　词作表达了苏步青的离愁别绪,也寄托了他对胜利的憧憬。

　　1940年,宾阳失守,苏步青和家人又不得不匆匆逃出宜山,于某天抵达南丹县的六寨。是夜恰逢除夕,悲愤交加的苏步青怆然写下一首《己卯除夕》:

　　瘴云蛮雨绕危楼,岁暮边城动客愁。
　　画角声声催铁血,烽烟处处缺金瓯。
　　贾生有泪终空洒,柳子安愚欲久留。
　　梦里江南芳草岸,垂杨何日系归舟?

　　这首诗是他对祖国山河破碎和生活流离失所的真实写照。与此同时,中国人民的英勇顽强使他对抗战胜利充满了信心。

　　看到中学生有投笔从戎者,他写诗相送,以示勉励:

　　屏障洛阳犹被遮,几多壮士逐轻车。

第四章
数学王国的诗人

中原逐鹿猖夷骑，东土睡狮警胡笳。
不是空言能救国，终期战胜早还家。
书生事业今仍在，漫把戎衣得意夸。

流离失所的生活让苏步青一家吃尽苦头，更加深了他对日本帝国主义的仇恨，以及对故乡的无限思念。在抗战时期的一个端午节，他写道：

令节又重午，年年感慨多。
空传哀楚赋，不见汨罗人。
缠粽金丝细，浴兰香汗匀。
龙舟无处觅，故里正沉沦。

远在西南的他，看不到鳌江的潮水，见不到南雁荡山的云雾，故乡遥不可及。孤灯夜雨中，思乡之情绵绵无绝期，于是他写了一首《湄江秋思》：

干戈岁久梦乡疏，每到秋来忆故居。
几树江枫丹叶后，一灯夜雨白头初。
哀时文字因人读，种菊庭院课子锄。

苏步青的故事

湄水无潮复无雁,不知何处得家书。

1944年,苏步青以《游七七亭,亭以纪念"七七"之役》为题作诗:

单衣攀路径,一杖过灯汀。
护路双双树,临江七七亭。
客因远游老,山是故乡青。
北望能无泪,中原战血腥。

这首诗以物寄情,表达苏步青对家乡沦陷、对祖国山河破碎的忧愤,同时歌颂人民奋起抗战的精神,爱国忧世之情自心中汩汩流出。

1948年,苏步青去秦淮时写了一首《秦淮河》,诗中有这样两句:"无情商女今安在,半面徐妃可奈何?"前一句出自杜牧《泊秦淮》中的"商女不知亡国恨,隔江犹唱后庭花";后一句出自李商隐《南朝》中的"休夸此地分天下,只得徐妃半面妆"。

半亩向阳地,全家仰菜根。

第四章
数学王国的诗人

曲渠疏雨水，密栅远鸡豚。

丰歉谁能卜，辛勤共尔论。

隐居那可及，担月过黄昏。

这首《半亩》是苏步青在浙江大学西迁到贵州时写的。当时物价飞涨，他们一家人住在县城南关湄水桥边一座叫朝贺寺的破庙中。由于生活窘迫，常以地瓜蘸盐巴充饥，他们不得不在庙旁开辟了一块小菜地。在湄潭破旧的文庙里，在如豆的桐油灯下，苏步青和他的学生们在数学研究方面孜孜以求，终于完成惊世之作，使微分几何的研究上升到一个新境界。

黉舍立三处，近蜀似依刘。十年旧雨重聚，杯酒为公酬。忆昔东西行役，公独任劳任怨，风月伴离愁。对菊倩吟句，此兴尚存否？

湄潭好，鱼米国，可淹留。男儿磊落，何须泪洒古播州！且酌茅台香醑，应舞龙泉长剑，听我醉中讴。乱后故人少，况复断乡邮。

这是苏步青在湄潭作的《水调歌头·劝饮郑公晓

沧》，字里行间流露出在艰难时势中，昔日学人的慷慨激昂。

念亲人，寄友人

苏步青的诗蕴含丰富的感情，重亲情，重友谊，对世界充满爱。他的诗词中有夫妻之爱、兄弟之情、朋友之谊，渲染出一片温馨。在他的笔下，个人的亲情、友谊往往与家国忧思、民族大义相连，表达了在经历苦难的人生后，对于国泰民安的强烈愿望。

苏步青和妻子松本米子"东西曾共万千里，苦乐相依六十年"。他们相濡以沫，松本米子专心相夫教子，任劳任怨。尽管生活清贫，一家人却其乐融融。

春节，他们和孩子围坐在书斋的火炉旁，温馨而祥和。回忆往事，苏步青不胜感慨：

华斋夜暖拥书城，窗外时闻落木声。

苏步青的故事

忽忆湄潭朝贺寺，廿年光景至今惊！
断简残篇久不开，中间文字有余哀。
木油灯影边城月，曾照先生诗稿来。

苏步青在与松本米子结婚50周年庆典时，写了一首诗，纪念他们共同度过的恩爱岁月：

樱花时节爱更深，万里迢迢共度临。
不管红颜添白发，金婚佳日贵如金。

松本米子勤劳俭朴的美德尤其让苏步青感动。20世纪60年代，苏步青的工资有所上涨，打算给妻子置办些衣服，他话刚出口，松本米子就摇头说："我们家有那么多孩子，家庭负担还很重，再说我在家里操持家务不需要多做衣服。"

1979年的一天，苏步青再次跟妻子提起做新衣服的事："给自己添几套衣服吧。现在我们情况不同了，孩子们也都独立了，你无论如何也要买几件新衣服，并且……"

"并且什么？"

第四章

数学王国的诗人

"并且你也应该回去看看了。"

"回哪儿去?"松本米子一脸不解地问道。

苏步青抚着妻子的肩头,说:"日本呀!你的家乡……"他刚说完这句话,便看到妻子的眼圈红了。松本米子伏在他的怀里放声痛哭起来……苏步青搂住妻子,泪水也无声滑落。

1979年7月,松本米子回到生她养她的地方,那个令她魂牵梦萦的地方。40多年了,这是她婚后随丈夫到中国后第一次回娘家。她老了,孩子也长大成人了,父母慈祥的微笑也永远定格在她的记忆中。

短暂的分别令苏步青牵肠挂肚、思念万分,他将自己的情感诉诸笔端,作成《怀远》一诗:

青叶城临广濑川,思君遥在白云边。
三山有路仍迷梦,十日无音若隔年。
满案簿书双睡眼,毕生事业一教鞭。
也知腰脚尚轻健,不上匡庐看瀑泉。

这一年,苏步青的学生李大潜作为访问学者到法国巴黎第六大学学习。他来信向老师索要近作,苏步青将

这首《怀远》寄给他。李大潜收到后,非常喜欢,随即写了《和老师〈怀远〉一首》:

客里光阴若逝川,梦魂常在浦江边。
奉诗最喜先生健,抄邸欢传大有年。
犹忆临行深嘱咐,岂甘落后应加鞭。
诚知学术渊无底,挖到深层自及泉。

诗笺往返唱和,谱就了一段别具韵味的师生情。

1982年,松本米子积劳成疾,躺在了病床上。每天下午下班后,苏步青就赶去医院照顾妻子。被妻子伺候了大半生的苏步青,担当起保姆的角色。他给妻子带去她爱看的画报和孩子的信,陪妻子走完了最后那段时光。他深感这一生欠妻子太多,有件事也成了他终身的遗憾,那就是松本米子一生都没有到过北京。从苏步青担任第二届全国政协委员起,松本米子就有很多次机会可以去北京,开始由于孩子小,她去不了北京,等孩子长大了,她却无缘再去了。

1986年5月,松本米子走到生命的尽头,安详地离开人世,享年81岁。松本米子走了,但她的贤惠、美丽、

第四章
数学王国的诗人

善良和才华,都留在了苏步青的记忆里。他时刻把妻子的照片带在身边,有时会泪眼蒙眬地说:"我深深地体味着'活在心中'这句话,就似我的妻子仍和我一起在庭园里散步,一起在讲坛上讲课,一起出席会议……"

他写有关松本米子的诗词,尤为感人。其中一首《菩萨蛮·为米妹作》写道:

明眸皓齿仙台女,中原来作畴人妇。
纤指忆当时,锦弦斜雁飞。
樱花开烂漫,川鹿声呼唤。
夜夜约相逢,毗河门寺钟。

失去妻子后,苏步青一直沉浸在悲痛之中。他为妻子写了不少悼念诗词,以下为其中3首:

其一
望隔仙台碧海天,悲怀无计寄黄泉。
东西曾共万千里,苦乐相依六十年。
永记辛苦培子女,敢忘贤惠佐钻研。
嗟余垂老何为者,兀自栖栖恋教鞭。

其二

雁柱金徽寂寞寒，古筝犹在碧窗间。
十三弦上无纤指，六十年来凋玉颜。
岂不怀思春晼晚，若为寄远泪阑珊。
去年欹枕数行字，今日翻成绝笔看。

其三

依稀宵梦到庭园，草棘离披不见君。
萝屋有愁还有泪，瑶池无路更无门。
山茶剩蕊燕脂血，月季嫩芽环佩魂。
孰道鸳鸯债能了，梅花纸帐共晨昏。

又一年端午来临，悼亡日近，苏步青赋诗一首：

暮年丧侣亦昏昏，今日端阳更忆君。
梦里有时能见面，人间无处可招魂。
弦教纤指留音韵，镜为明眸掩泪痕？
欲鼓盆歌效庄子，偏怜宝玉遁空门。

诗中没有正面出现主人公的形象，但侧面丰富的物

第四章
数学王国的诗人

象描绘，让字里行间有一种微妙的悸动跃然纸上，读之凄然。

他的《枕上感赋》更是动人：

> 人去瑶池竟渺然，空斋长夜思绵绵。
> 一生难得相依侣，百岁原无永聚筵。
> 灯影忆曾摇白屋，泪珠沾不到黄泉。
> 明朝应摘露中蕊，插向慈祥遗像前。

诗中饱含无言的思念和刻骨铭心之爱，情绪婉转起伏，让人不免落泪。

没有妻子的陪伴，苏步青深感孤独。虽然年逾九旬，但他仍憧憬未来，作诗云：

> 花开花落思悠悠，扬子江边忌又周。
> 对月空吟孤影恨，倩谁倾诉暮年愁。
> 尽无夜雨孩惊梦，纵有杜康难解忧。
> 百岁光阴仅余几，仍须放眼望神州。

在妻子逝世一周年时，他填过一首《江城子》，情深意切，由词牌可以想到苏轼的《江城子》："十年生死两茫茫，不思量，自难忘……"

  一年如比十年长，自今后，怎得将！玉骨成灰，半分送仙乡。唯有此愁分不去，朝也想，暮难忘。
  迢迢畴昔渡重洋，小儿郎，正牵裳。转瞬之间，相继去茫茫。若问老夫何所似，挥尽泪，未成行。

苏步青的哥哥苏步皋于1917年考取东京高等工业学校应用化学科；1925年学成回国后，担任过杭州造纸厂工程师、上海制药厂技师、浙江省化工厂厂长等职务。抗战胜利后，他赴台湾任职，定居台湾。他们兄弟之间感情非常深厚。苏步皋没有子嗣，苏步青便把自己的一个儿子过继给他。苏步青于1946年3月在台湾完成接收台北大学的工作，准备返回大陆前，作了一首《大哥寄赐一律赠别依韵奉答》，表达了依依不舍的手足之情：

  琼琚西下俗尘销，还是沈郎旧瘦腰。
  春暮不堪听燕语，年时未卜怕龟焦。
  家园去梦仍千里，骨肉离情待一要。

第四章
数学王国的诗人

后日东归联榻话,莫嗔蓬鬓两萧萧。

战争爆发后,苏步青对兄长的思念之情与日俱增。1948年,他在《寄台湾大哥》中表达了自己的心情和处境:

鲲南万里旧时居,横海东行正劫余。
永忆联床岁云暮,岂期弹铗食无鱼。
飘零镜里经秋鬓,点检年来未读书。
净宇回天知有日,行看下泽共驱车。

此外,他还在《游中山公园有怀大哥作(二首)》中倾吐内心的悲愤和忧愁:

其一
两面荷花四面楼,九分残暑一分秋。
偶凭危阁孤山上,欲寄相思几字愁。
客子青春谁得再,高堂白发共生忧。
来鸿去燕年年是,问系天南何处舟。

其二
曾将西子比西湖，千古风流护大苏。
放鹤亭边无鹤放，孤山足下一山孤。
书凭鸿雁秋犹浅，路隔关河望欲无。
待得西风鲈脍美，直须相对醉千壶。

1981年9月，苏步青到厦门开会。他登鹭岛、眺金门，隔海相望，思念对岸的亲人，内心感慨万分，作七绝《初访厦门二首》：

其一
鹭岛南来秋正浓，危台东望思无穷。
为何衣带眼前水，如隔蓬山一万重。

其二
远祖逃荒后裔回，乡音不改鬓毛衰。
何当更泛鹭江艇，去探台湾旧迹来。

苏步青和著名画家丰子恺相交颇深，两人经常以诗画赠答，一同游玩湖山。早在20世纪30年代初，苏步

苏步青的故事

青便听闻丰子恺的大名,心中敬佩,对其画作更是由衷地喜爱。1940年,丰子恺的女儿在贵州遵义结婚,女婿恰巧是苏步青的同乡,丰子恺特地请苏步青做男方的代理主婚人。此后,苏步青与丰子恺的交情日益深厚。后来,丰子恺携家迁居杭州,苏步青写了一首诚恳真挚的《乞画于丰子恺先生》:

淡抹浓妆水与山,西湖画舫几时闲?
何当乞得高人笔,晴雨清斋坐卧看。

这首诗写好后还未寄出,苏步青便收到丰子恺主动寄赠的一幅画,画的是以遵义生活为原型的《桐油灯下读书图》。苏步青不胜喜悦,当即写一首答谢诗连同乞画诗一起寄给丰子恺。答谢诗曰:

半窗灯火忆黔山,欲语平生未得闲。
一幅先传无限意,梦中争似画中看。

丰子恺收到这两首诗后,根据乞画诗中"淡抹浓妆水与山,西湖画舫几时闲"一句,又送给苏步青一幅《西

第四章
数学王国的诗人

湖游舸图》。这回,苏步青不仅写了答谢诗,还写了一首题画诗:

一舸笙歌认夜游,岚光塔影笔边收。
如何湖上月方好,柳下归来欲系舟。

在丰子恺家的墙上,贴着一首由丰子恺手书的苏步青赠诗《夜饮子恺先生家赋赠》:

草草杯盘共一欢,莫因柴米话辛酸。
春风已绿庭前草,且耐余寒放眼看。

对于苏步青和他的诗,丰子恺有很高的评价。他说:"数学家的诗句,滋味尤为纯正。""人做得好,诗也做得好……樽前有了苏步青的诗,桌上酱鸭、酱肉、皮蛋和花生米,味同嚼蜡,唾弃不足惜了。"

新中国成立后,丰子恺与苏步青都居住在上海。苏步青经常带着妻子到丰子恺家中做客,丰子恺的"日月楼"成了他们谈天说地的场所。1956年冬,苏步青荣获中国科学院颁发的自然科学奖,丰子恺为表庆贺,送给苏步青一幅题为"种瓜得瓜,种豆得豆"的画作。

1972年12月7日,苏步青的学生、著名数学家张素诚因《数学学报》复刊之需,拜访各地数学家。在上海,他拜访了苏步青,苏步青在赠给他的书的扉页上题了一首诗:

三十年前在贵州,曾因奇异点生愁。
如今老去申江日,喜见故人争上游。

这首诗不仅表达了师生之情,还表现出苏步青对学生力争上游、勇敢前行的肯定与赞赏。为人师者的欣慰与喜悦跃然纸上。

抒豪情,咏壮志

苏步青一生都在和数学打交道。工作的时候,他把时间花在教书、备课和写论文上;夜晚睡觉之前,他总

第四章
数学王国的诗人

要把心爱的唐诗宋词拿出来读上半个小时。

在苏家的客厅里,有两样东西最为醒目:一幅绒绣的奔马图,象征苏步青驰骋千里的雄心壮志;一盆长满刺的仙人球,寓意主人坚毅刚强的性格和高尚的情操。按照苏步青的说法,诗词写作不仅是工作劳累时休憩的雅兴,也是人格的投影、生命的结晶,可谓:"几何寓真情,人生一卷诗。"

提到苏步青的诗,有一首作于1986年的《颂陶小咏》曾广为传颂:

不为五斗折腰身,归去来兮辞赋新。
篱菊曾馨三径月,桃花犹泛一溪春。
行文爽朗而潇洒,咏史激昂如有神。
倘使先生逢盛世,何须高隐作闲人。

苏步青一改《归去来兮辞》脱离仕途、回归田园的主题,为之"赋新","行文爽朗而潇洒,咏史激昂如有神",意气喷薄而出。

他曾在赠予友人的诗作《咏水仙花》中赞颂水仙花的淡泊,表达自己一生从教、两袖清风、淡泊名利、宁静致远的豁达情怀。"西湖无庙属杯难"是他思念家乡,盼望能经常在湖畔与亲朋好友相聚的内心写照。

> 黄冠翠袖足清闲,淡泊生涯水石间。
> 南国有家归梦远,西湖无庙属杯难。
> 闻香晓日春何早,听雨青灯夜更寒。
> 我似老僧偏爱静,案头不厌两相看。

苏步青作过一首《松鹰图》:

> 老松枯干立雄鹰,眦睨人间若有情。
> 兔死狐藏山壑静,何当展翮蹴鹏程。
> 松鹤呈祥自足珍,巨鹰老干更精神。
> 明朝为展凌风翼,一扫晴空万里尘。

从诗中可以看出他"老骥伏枥,志在千里"的豪情:"弯曲向上的蓬勃树干,枯裂爬满皱纹的树皮,显示出老松年代已久的不寻常经历;眦睨人间的巨鹰,随时展翅搏击风云,展现出敢与一切邪恶和不平抗争的精神风貌。"

第四章
数学王国的诗人

中华民族的复兴事业是贯穿于苏步青漫长心路历程中的精神支柱。在久经忧患后,国家进入新时期,苏步青的诗风也为之一变,焕发了青春的意气。如"身健未愁双鬓白,夜寒犹爱一灯明""丹心未泯创新愿,白发犹残求是辉"。这类遒劲明快、昂扬奋发的诗句,在他的作品中比比皆是。身体渐趋老迈而心态却日益年轻,苏步青的诗词中表现出来的这种奇妙的反差,使他一生坚守的爱国爱民精神达到更高境界。

苏步青喜欢七绝,他写的诗也多为七绝,或咏物抒怀,或借景抒情。其中又以咏物居多,如《绿豆》《黄梅》《庭前黄蔷薇又放数朵》等。

1983年2月,苏步青退居二线,担任复旦大学名誉校长。为此,他作了《退居二线后感赋(二首)》,表达了将继续为教育科研事业发挥余热的情怀:

其一

退居二线复何为,腰脚犹轻任所之。
不上匡庐观日出,欲横东海附机飞。
天涯亲友应惊老,咫尺家山未赋归。
安得教鞭重在手,弦歌声里尽余微。

苏步青的故事

其二

故乡遥在雁山陲,久客江南忘却归。
虽未龙钟须服老,岂因虎肖便扬威。
百年心事今奚似,四化胸怀昔所稀。
只为盛时歌颂党,退居闲咏几篇诗。

这一时期,苏步青有不少诗作刊于《新民晚报》《解放时报》等。1984年7月22日,刊出《足疾住院感赋》:

终岁栖栖八二翁,居然步履欲追风。
平生游迹半天下,今日羁身一院中。
节届黄梅间晴雨,宵残远梦乱西东。
侧闻黉舍怒潮涌,改革声高彻太空。

诗后注:"八四年七月写于长海医院。"

1988年,苏步青想起自己自1952年从浙江大学到复旦大学以来,已有36年,突发感慨,作诗《自咏》,再次表达自己的报国之志:

忆昔杭申辗转秋,苍颜衰鬓旧衫裘。

第四章
数学王国的诗人

初哼俄语常侵夜,爱读洋书不说愁。
半百年华充壮岁,三千学子共优游。
如今报国心犹在,改革光辉照白头。

他心系国家的改革开放事业,大有"老骥伏枥,壮心不已"的气概。"弦歌声里尽余微",晚年的苏步青回首90个春秋后写下这首诗:

五十知非识所之,今将九十欲何为。
丹心未泯创新愿,白发犹残求是辉。
偶爱名山轻远屐,漫随群彦拂征衣。
战天斗地万民在,不信沧浪有钓矶。

诗中写道,创新的"丹心"愿望并未泯灭,求是的精神光辉仍在激励他拼搏奋斗。

读苏步青的诗词,不难看出他是性情中人。他爱山,爱水,爱花,爱草,世间一切美好事物都能引起他浓厚的兴味。他有许多纪游咏景之作,写得意态蓬勃、生机盎然。比如,写雁荡山的"云飞千嶂风和雨,滩响一溪夏亦秋",写江边的"曲岸忽平何处雨,初暾犹带几峰烟",写野外景色的"东风只吹绿,野涧自鸣潮",写莫干山的"风来澎湃千重浪,云下飘崩百丈滩"等。他写自然景物时,喜欢从动态中去把握,着意表现自然界的变幻之美,这也反映了他充满生命力的精神世界。他对自然的喜爱实际上是对生活充满热情的一种表现。

苏步青好读诗,好写诗,读的诗多,写的诗也多。到20世纪80年代初期,他写的旧体诗已经有300多首,被分别编成《西居集》和《原上草集》出版发行,受到读者好评。旧体诗在苏步青的一生中占有重要地位,他为继承和发扬我国的诗词文脉树立了光辉的榜样,得到文学界与学术界的高度赞扬。

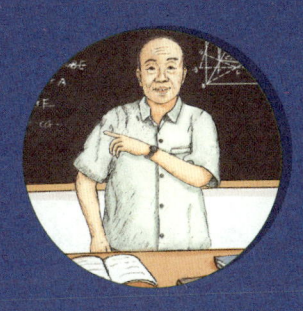

第五章 投身科教事业

自 1931 年到浙江大学任教，苏步青将毕生精力奉献给祖国的教育事业。

毕生事业一教鞭

自 1931 年到浙江大学任教，苏步青将毕生精力奉献给祖国的教育事业。

留学归国后，他的第一站是浙江大学，自此与浙江大学结下了不解之缘。"浙大好似我初恋的情人，是永远不能忘记的"，他与浙大的这段"爱恋"持续了 21 年，经历了教学基础薄弱的开拓时期、颠沛流离的动荡时期以及劫后重生的建设时期，可谓九死一生，刻骨铭心。

其间，苏步青有过短暂的到台湾工作的经历。那是 1945 年，日本帝国主义无条件投降后，南京国民政府指定浙江大学组织成立接收团，派往被日本侵占多年的台湾，接收台北大学。1945年10月，被选为接收团成员的苏步青、陈建功和蔡邦华等人起程了。当时因为交通不便，他们从重庆三峡顺长江东下，历经18天才到达上海。待400多位成员陆续从全国各地赶来，接收团登上开往台湾基隆港的轮船。

此次接收团的负责人是浙江大学理学院生物系主任罗宗洛，苏步青一行人抵达台北后，接收了当时只有农学院和理学院的台北大学。苏步青被任命为理学院的代理院长，除了接管台北大学仅有的几十位师生，还要清点校园的物资和账目。虽然事务繁杂，却也让苏步青激情满怀。此后，台北大学逐渐恢复了正常的教学秩序。

1946年2月底，苏步青提出申请返回浙江大学。同年3月9日，苏步青与同行而来的3位教授登上回上海的飞机，结束了这次短暂的台湾之行。

回到浙江大学，苏步青继续深入科学研究，开展研究生教学工作。直至1952年，高教部安排全国高校院系调整，浙江大学改为工科大学，其理学院的主要教师被调往外地，苏步青、陈建功、卢鹤绂、谈家桢及吴征铠等多位教授被调往复旦大学担任教授。苏步青就此结束了在浙江大学21年的工作。

第五章
投身科教事业

苏步青对浙江大学数学系寄寓着深厚感情，对于这样的工作调整，起初他是有顾虑的，一度满面愁容。但新的工作环境与领导班子，让苏步青很快调整好工作状态。在复旦大学党委的帮助以及优秀教师的共同努力下，苏步青主持开设了讨论班，并以惊人的速度建立起新的微分几何教学和科研基地。看着校园内一张张热情洋溢的面孔，感受着学生们的青春活力与求知渴望，苏步青无比兴奋。教出好学生，比任何事都令他高兴。

苏步青全身心投入教学行政管理工作。1953年2月，苏步青任复旦大学教务长；1956年9月，任复旦大学副校长；1978年4月，任复旦大学校长。担任领导后，苏步青的首要工作是抓科学研究。他认为，高校开展科学研究的宗旨是为了满足社会主义建设的需要，高校配备的一切师资力量，都是为了发展科学事业，因此，高校有责任和科学院及各业务部门联合起来，着眼于中国的实际情况来解决当前和未来可能遇到的问题，共同承担研究任务。因此，复旦大学数学系高年级的学生会根据教学计划的安排，定期到业务部门、生产单位参加生产劳动，在实践中协助解决生产过程中遇到的数学问题。这种务实的作风不仅提高了学生的思想觉悟，更巩固了学生的理论知识和专业素养。这种对数学教学的创新，让学生开阔了眼界，增长了见识。

苏步青曾说，教师的科学水平在教学中的反映主要体现在两个方面：一是根据教学计划把课程内容讲透，体现理论联系实际的精神；二是教给学生最新的科学成就，在紧抓基础理论知识的同时，让学生精准把握学科前沿的时代脉搏。在这样的教学理念的指导下，教师和学生的干劲和潜力都被有效地激发出来了。

这种凝心聚力共同奋斗的力量是惊人的。短时间内，复旦大学的科学研究蓬勃发展，原子能、技术物理等研究所相继成立，苏步青和数学系的教师们经过近1年的精诚协作，建立计算数学专业，除了教授必要的基础知识外，还要求学生掌握程序设计。这为日后蓬勃兴起的电子计算机专业的教学创造了条件。

1983年2月，苏步青退居二线，担任复旦大学的名誉校长，逐渐淡出教学和行政工作一线，但他始终牢记自己的教育使命。即便年事已高，纵然不在其位，他也会做很多与教学相关的工作，践行着自己"毕生事业一教鞭"的理想和信念。

第五章
投身科教事业

开创中国计算几何学

20世纪60年代,计算机辅助设计(CAD)在国际上已有发展,首先应用的领域是汽车、航空和造船行业。这3个行业因产品外形的曲面特别复杂、要求十分严苛而成为CAD首先应用的领域。

对于计算几何和CAD在中国的发展,苏步青做了大量的推进工作。

1972年,苏步青了解到我国造船业一直采用的是1∶1的船体放样,造多大的船就放多大的样,后来虽然采用"船体数学放样",但缺乏应有的理论分析,而且线型光顺的问题没有得到彻底解决。苏步青决心以微分几何理论来解决船体数学放样中"船艏线型光顺"和"船舯部线型光顺"两个主要环节中存在的问题。

为了尽快解决光顺问题,苏步青查阅了国外资料,并将4篇重要论文翻译成中文,编写了《样条拟合译文

选》，为计算机辅助几何设计的发展奠定了扎实的基础。

1978年，苏步青在上海市数学会年会上做了题为"几何外形设计理论及应用"的报告，计算几何从此在国内兴起。之后，他在复旦大学开设了一门课程——"微分几何五讲"，并主办了一个计算几何讨论班。此前，他还翻译了4篇重要论文。我国第一本《计算几何》就是由苏步青和他的学生刘鼎元编写的，后来成为从事计算机辅助设计的研究人员的必读书目。

《计算几何》是苏步青应上海科技出版社之约，于1979年初开始动笔，历经两年时间完成的。这是一部既有理论又有应用的计算几何著作，目的是满足从事计算几何和CAD研究及应用开发的大专院校师生、研究所和工厂科技人员之需。该书的"绪论"和最后一章"仿射不变量理论"由苏步青执笔，其余6章由刘鼎元撰写，最后由苏步青统稿。为了写作此书，他们收集了国内外几百篇文献，最后写成共计600页的初稿，然后苏步青用红笔对每一页都做了密密麻麻的修改。

1981年1月，《计算几何》出版，内容通俗易懂。《计算几何》综合介绍了截至1980年国际上关于计算几何的理论、方法及其应用，还包括苏步青及其学生的研究成果。读者对象为数学系师生、科技人员和工程师,既可作为研究生和高年级学生的教材,也可作为CAD应用开发工程师的参考读物。

该书首印1万多册。当时正值计算几何和CAD迅速发展时期,读者需求强烈,几个月便售罄,第二次印刷的1万册也很快销完,这在数学和科技类图书中是极为罕见的。在我国首次举行全国优秀图书评选时,该书荣获"全国优秀科技图书奖"。

为了使我国在该领域跻身世界先进行列,在苏步青的领导下,浙江大学、中国科学院数学研究所、山东大学、中国科技大学和复旦大学等单位共同成立了全国计算几何协作组。协作组定期举行会议,举办计算几何培训班。之后,根据苏步青的提议,由复旦大学、浙江大学、山东大学联合举办面向全国的更大规模的研讨会和学习班,每两年举办一次,参加者十分踊跃,其中不少人后来成为CAD重点项目中的骨干。

经过几年的大力推广,到20世纪90年代,我国大中型企业逐渐抛弃了使用丁字尺、制图板的手工设计方式,进入计算机设计阶段,缩小了与国际先进水平的差距。

第五章
投身科教事业

在推广 CAD 的过程中，苏步青付出大量心血。从 1982 到 1992 年，苏步青几乎参加了所有的全国计算几何协作组会议。他忘我的工作精神和机敏的数学头脑，令每一个与他共事的人敬佩不已。

1992 年 5 月 18 日，第七次全国计算几何协作组会议在杭州举行。这一年，苏步青已经 90 岁，而且正在住院，但是他提前委托他人买好火车票，坚持要出席会议，还要在开幕式上讲话。就在他准备和前来接他的人动身时，医院领导阻止了他。苏步青遗憾地服从，便把事先写好的讲话稿拿出来，签了名，让参会的人带去会场。

经过几年不懈的努力，协作组有力推进了我国计算几何的发展，使我国在贝塞尔曲线的凸性研究和几何连续性研究方面达到国际先进水平，应用领域从最初的造船、航空、汽车行业，发展到服装、模具、机械、动画、机器人等行业。

辛勤耕耘的园丁

苏步青一直关注着青少年的成长及教育。早年间,他就把自己的理想和国家的希望融合在一起,立下为祖国的教育事业奉献毕生精力的志向。他在教育园地里辛勤耕耘 60 多个春秋,可谓桃李满天下。在教学岗位上,他不辞辛劳,满腔热忱,为人师表堪称楷模。

1978 年盛夏,气温高达 41 摄氏度,正是杭州最热的时候,苏步青应邀到杭州大学讲学。他刚到宾馆,浙江省委和杭州大学的领导就来看望他。其中一位领导担心年事已高的苏步青在这么热的天气里吃不消,于是建议他先休息一天。苏步青却风趣地说:"天热我不怕,我的心比天还热!一切按计划进行,时间宝贵,不可随便浪费掉!"面对苏步青认真的态度,大家都十分感动。之后,苏步青不顾劳累,冒着炎热的天气,在杭州大学一连讲了 7 天课。

第五章
投身科教事业

苏步青讲的微分几何在原有的基础上，增添了不少新的内容。教室里虽然有电风扇，但吹出来的风也是热的，他一边用毛巾擦汗，一边在黑板上写板书。他讲得起劲，忘记了疲劳和炎热。学生们也被他的讲课艺术和教学热情吸引，不知不觉地跟随他一起遨游在知识的海洋里。

下课后，热情的学生们将苏步青团团围住。有人问道："您身为复旦大学校长、全国人大常委会委员，夏天可以安排休假，怎么还把自己搞得那么繁忙，不觉得累吗？"

苏步青笑了笑，说："人家说我旅游、疗养应该是家常便饭。不错，组织上有这种安排，但是我不喜欢。有一年组织叫我去庐山和北戴河，我没去。"

有个学生惊讶地问："您为什么不去呢？"

"一是怕玩，二是没空。全国人民都在辛勤地工作，我为什么要去那里休息呢？工作就是享受嘛。工作让我感到充实，工作的时候我会产生一种难以言喻的快乐和欣慰。"苏步青笑着说，"《礼记》上有一句话，'小人闲居为不善'。闲下来就不好。我闲不住，还有很多很多工作等着我去干呢。"

第五章
投身科教事业

最后，苏步青殷切地嘱咐学生们："这次给你们上课，听完后要将意见反馈给我，以便我回去给研究生上课时改进教学，我还准备把它写成《微分几何五讲》。"

学生们听了苏步青这番真诚而朴实的话，又想到苏步青讲课时一边写板书，一边做手势，汗珠不断从额头上滴下来的情景，内心久久难以平静。

这就是苏步青，一位脉搏与时代一起跳动的数学家。

1989年初春，苏步青应邀回浙江大学讲学。在校园里，他主动和学生们交谈。学生们得知他就是鼎鼎大名的苏步青教授都喜出望外，争先恐后地请他签名。随和的苏步青一一予以满足，还风趣地说："50年前我在浙江大学教书，50年后你们在浙大读书，我们是相隔三代的校友，今天老校友见新校友，大家都很高兴。你们真幸运，社会和家庭给你们提供了优越的条件，希望你们牢记竺可桢老校长的教导，勤奋学习，努力工作，攀登科学技术的高峰，为祖国争光，为母校争光。"

深秋，苏步青应邀到浙江大学附属中学做报告。面对300多名师生，他说："我从1927年大学毕业后，做了62年教师，教到老，学到老，教育是崇高的职业。我为我是一名教师感到自豪。做老师很辛苦，学生要尊重老师,老师要为人师表,做好学生的榜样,不然就别选择教师这个职业。"他还欣然提笔为师生们题词:桃李满园春正好,风光遍地路还长。

此外,苏步青非常重视对学生进行爱国主义和理想信念的教育。在几十年的教学生涯中,他言传身教,始终把对青年学生的爱国主义教育放在首位,教育学生把个人的命运和祖国的前途紧密联系在一起。他指出,一个人离不开祖国,祖国的独立和发展是一切个人存在和发展的前提。国家兴旺,人人有责。

1989年10月6日,苏步青在复旦大学给学生做报告时,特别讲到学生要为国家振兴发奋学习。他说:"为振兴中华、实现四个现代化贡献自己的才能,是我们学习的目的。你们进入这个学校的大门,一方面要有荣誉感,同时也要有责任感,要为实现自己的理想在这里好好学习,这样出去后才能用知识和文化为国家服务!"

他接着说:"有的人甚至认为,什么都是外国的好,月亮也是外国的圆。我不一样,我认为'月是故乡明'。从科学上讲,外国的、中国的月亮都一样,但从感情上讲,月是故乡的明。"话音刚落,会场里就响起了雷鸣般的

第五章
投身科教事业

掌声。

苏步青用自己的亲身经历告诫学生：只有学好知识、掌握本领，为国家的强大尽心尽力，中国才能逐步发展壮大，中国人才能真正扬眉吐气，中华民族才能自立于世界民族之林。

在长期的教学与管理工作中，苏步青以培养数学人才为己任，不论身处什么样的环境，他都紧紧抓住人才培养，努力提高人才素质。他说："不出人才誓不休，这是我一生的夙愿。"正是这种强烈的培养人才的责任感，促使他关心青年教师的成长，支持他们搞科研，推荐他们发表论文。他经常说："如果你有许多学问，但是没有学生向你学，那样的学问再多又有什么用呢？"他认为，培养人才和科学发现同等重要，培养一个杰出人才，其成就不亚于一个学术上的重大发现。所以，他非常注重优秀人才的选拔和培养。"拔一个，带一批"，这是他在实践中形成的卓有成效的人才培养方法。

在人才的使用方面，苏步青强调人才要流通，不要使优秀人才过于集中，否则他们很难发挥自己的才能。通过流通，为人才创造一个可以施展才能的平台，从而真正做到人尽其才，各司其职。

呵护幼苗成长

苏步青十分关注青少年的教育问题。他经常收到大量中小学生和老师的来信,因工作繁忙,他无法一一回复,但总会想办法答复一些信中提出的问题。

有段时间,苏步青每天都接到四川省很多小学生的来信,起初每天10多封,他还有精力一一回信,但渐渐地来信增多,每天有二三十封,连秘书也回复不过来了。每天的信中还有两三封向他请教"任意角三等分""费马大定理"等数学问题。后来经过了解才知道,四川省的小学教材中有一篇苏步青的文章,老师要求每个学生给苏爷爷写一封信,于是,学生的信如雪片般纷纷飞来。苏步青哭笑不得,只能嘱咐秘书采取统一回函的方法解决。

至于数学爱好者的大量来信,大多是学生没有把学习的重点放在基础知识上,而只是抠难题。苏步青为

第五章
投身科教事业

此想了一个巧妙的办法——在《人民日报》上公开答复，鼓励学生在学好基础知识的前提下再去钻研这些难题。

有一次，苏步青收到了华东师范大学附中高一年级几名学生的来信。他们在信中结合自己的思想实际，谈了人生观的问题，让苏步青颇有感触。苏步青写了回信，根据学生们提的几个问题，诚恳而认真地谈了自己的看法。

还有年轻人给苏步青来信，提出人为什么要活着，怎样做人，做一个什么样的人才是有意义的，人生的道路该怎么走等问题。苏步青认为，年轻人提出这样的问题，说明他们正在成长，世界观还没有定型，非常需要社会、老师及家长的正确引导。青少年是国家的未来、民族的希望，必须在全社会形成关心青少年健康成长的氛围，打造有利于青少年健康成长的环境。

1979年初，一个名叫施展的12岁男孩听说苏步青的故事后，非常敬佩苏爷爷，抱着试试看的心态给苏步青写了一封信，说自己很喜欢数学，就是不知道怎样学好它。苏步青接到信后，郑重其事地给他回信，说"生也有涯，而学无涯"，鼓励他在老师的直接教育下，做个德、智、体全面发展的好学生。施展收到苏步青的回信后非常激动,没想到一位大数学家竟然给自己这样一个毛孩子回信。他决心不辜负苏爷爷的期望,努力学习,做个全面发展的好学生。

后来,中国科技大学开办了少年班,经过对施展的考查,苏步青决定录取他。然而,施展不愿意以这种方式上大学,他要凭自己的综合实力考取中国科技大学。几个月后,他参加了高考,最终成绩也超过了中国科技大学数学系的录取分数线。大学毕业后,他又考取了巴黎第六大学数学系的研究生,在这所大学读完硕士和博士,又到英国伦敦大学做博士后。完成了两年博士后的学习和研究,施展回到巴黎第六大学任教,并在30岁时获得了教授资格。

对于家乡的教育,苏步青也从未忘怀。他经常勉励家乡的青少年要树雄心、立壮志,勤奋学习。1984年冬,苏步青为母校平阳县中心小学写了长诗《卧牛山谣》,用楷书写在宣纸上,工整隽秀。他还为平阳一中题写了校训"尊师、重道、敬业、乐群",悬挂在教学大楼上。平阳二中、鳌江中学、腾蛟镇第一中学也都有苏步青的题词。

1980年暑假,组织上安排苏步青到莫干山疗养。当

第五章
投身科教事业

时，上海市的38名中小学教师也在那里，他们派代表联系苏步青，希望与他座谈，听取他对教育工作的宝贵意见。苏步青一听是中小学教师就爽快地答应了。在座谈中，他就怎样当好老师谈了自己的切身体会。他说："教师的主要任务是把学生教好。我教微分几何这门学科教了16年，都是自己编讲义，第十六年的讲义比第一年的讲义的内容增加了一倍，但是书的厚度却增加不多，因为我经常删改，把老的内容去掉，增加新的成果。第一年的学生听我讲课似懂非懂，不好理解；第十六年听课的学生反映听了就懂。这与教材有很大关系。教师一定要用心钻研教材，增加创造性。"

他还对老师们说："当老师的一定要让你的学生赶上你、超过你。要是学生都超不过老师，那祖国靠谁去建设呢？我们把学生教好了，让他们到祖国各条战线上去发挥聪明才智，这样才能推动祖国不断前进。教师应该将自己的所有心血倾注在学生身上，让他们早日成才。"

1982年，已经80岁高龄的苏步青即将退居二线，可他还在考虑怎样为中学数学教育做一些力所能及的事。经过反复思考，他向有关部门提出开办数学讲习班

的建议。第一期讲习班为期 3 个月。他早在半年前就动笔编写教材，为了方便教学，还制作了很多图表。为了检验教材，他还在复旦大学数学系为部分高年级学生试讲，听取学生们的意见，对讲稿进行修改和补充。

晚年的苏步青尽管年事已高，但仍用自己的实际行动呵护下一代的成长。

为科教事业献计献策

1949 年 6 月，苏步青应邀参加了中华全国自然科学工作者代表会议筹备会，和全国著名的科学家在中南海怀仁堂欢聚，为发展新中国的科教事业出谋划策。周恩来总理接见了科学家代表，并和他们共商科教发展大计。

那天夜里，苏步青翻来覆去睡不着，心里一直有一个声音："终于把科学的春天盼来了！等候多年的日子终于到来了！"他思绪万千：中国从来都不缺做科学研究的人才，缺的是科学研究的条件与环境。曙光已经来临，祖国的科教事业必将迎来发展的春天。

1951年，苏步青加入中国民主同盟。1954年12月，苏步青当选为第二届全国政协委员。之后，他又当选为多届全国人大代表、全国人大常委会委员。1979年，苏步青任民盟中央副主席，民盟中央参议委员会主任委员。

1977年8月，苏步青接到中共中央的邀请，和其他科学家以及教育部门负责人，一起参加了科学和教育工作座谈会。邓小平亲自主持会议。苏步青第一个发言。他着重谈了科技队伍的建设问题，提出要改变教育战线的一些陈规陋习，实事求是地评估教育战线的成绩和知识分子的现状。

他一股脑地把埋在心底多年的话倾吐出来。他谈到当时存在的一个突出问题，由于正常的教学秩序得不到保障，导致人才队伍出现了断档，搞科研的工作者缺少25至35岁的人才。老的很老了，40至50岁的人还有一些，但也不多了。搞基础理论要靠青年。苏步青认为，国家要选拔优秀青年，并采取得力措施进行培养。他谈到，他收到过60多位青年数学爱好者寄来的论文，希望可以从中选拔一部分作为研究生来培养。

听了苏步青的话，邓小平让人通知这些青年到苏步

第五章
投身科教事业

青那里考研究生。

苏步青接着谈到复旦大学数学系研究所过去的18名科研骨干，至今仍有16人未归队，希望复旦大学数学系的"十八罗汉"能够再次相聚。邓小平说，让他们回来。

从8月4日开始，科学家们与邓小平连续畅谈了4天。对于苏步青来说，这几天无疑是他人生中最畅快的日子，他多年的心愿很快就要实现。他想，只要自己的愿望能实现，再吃点苦又算得了什么呢？那一刻，他似乎看到科学和教育的春天正在向他走来。

从那以后，苏步青着手重建数学研究所，招收研究生，恢复数学讨论班。在苏步青的号召下，数学研究所的"十八罗汉"很快就回来了一批。教学秩序恢复正常以后，复旦大学的第一批数学研究生就来自苏步青推荐的那些青年，其中有两个人后来还取得了博士学位。

1977年10月，苏步青以中国民主同盟上海市委员会委员的身份主持工作。1978年3月，他当选第五届全国人民代表大会代表、常务委员会委员；7月，任复旦大学校长。繁忙的公务使苏步青难得有空闲时间，但他仍坚持为研究生上课。

苏步青的故事

1983年2月,年近八旬的苏步青辞去复旦大学校长的职务。不久,国务院任命他为复旦大学名誉校长。

苏步青参政议政向来积极,反映的问题、发表的意见也十分中肯。他在接受记者采访时谈到教育经费的问题,说:"我们国家人口多、底子薄,一下子不可能给教育拿出很多钱,这个大家能理解。但教育经费在国民总产值(国民总收入)中的比例要保证。就像一块蛋糕,蛋糕大了,教育多得一点儿;蛋糕小了,教育少得一点儿。问题是现在蛋糕小了,不按百分比分,有些部门照样得到一大块,而教育却被挤占了,今年又要压缩,这怎么行?"

他继续说:"希望从上到下进一步认识到教育的重要性,该给教育的钱一分也不能省。"

苏步青每次参加政协会议都踊跃发言,重点讲教育方面存在的问题,再就是讲科技工作。他坦诚地将自己数十年的思考说出来跟大家交流,脚踏实地做好参政议政工作。

在一次政协会议上讨论教育改革时,苏步青发言:"我们的教学科研范围太窄,基础太窄,急于求成,专业分得过早过细,学经济的不懂数学,学数学的不懂经

第五章
投身科教事业

济，这怎么行？现在搞科研需要多方面的知识，不但自然科学同社会科学分不开，就是每门自然科学之间也是互相渗透。因此，我们的大学教育应当把学生的知识面拓宽一些，大学一、二年级不建议分专业，到三、四年级再说。"

苏步青有一首抒怀诗："十载明堂鬓已秋，如今更上协商楼。老为民仆寻常事，尽罄余微方得休。"这首诗表达了他在晚年进入政协，希望为国家奉献余年、为民谋事的愿望。

鉴于苏步青对数学和数学教育的杰出贡献，国际和国内有关组织以苏步青的名字设立了"ICIAM 苏步青奖""苏步青应用数学奖""苏步青数学教育奖"。

"ICIAM 苏步青奖"是在 2003 年 7 月澳大利亚悉尼召开的国际工业与应用数学联合会理事会年会上，由中国工业与应用数学学会（CSIAM）提议设立的一个国际性数学大奖，旨在奖励在数学领域对经济和人类发展的应用方面做出杰出贡献的个人。

"苏步青应用数学奖"由中国工业与应用数学学会设立，用于奖励在数学对经济、科技及社会发展的应用方面做出杰出贡献的工业与应用数学工作者，旨在鼓励和促进中国工业与应用数学的发展。

"苏步青数学教育奖"是在教育部的支持下,为纪念和表彰苏步青对我国数学教育事业的贡献,激励广大数学教育工作者继承和发扬苏步青的崇高精神,提高数学教育质量、促进基础教育事业的发展而设立的,是国内第一个奖励中学数学教育工作者的奖项,在全国中学数学教育工作者中享有盛誉。

第六章 知识分子的楷模

苏步青对学生严，对教师严，对子女严，对自己尤其严，事事都是"严"字当头。

严谨、惜时的老人

苏步青的严格、认真是出了名的,他身边的工作人员对此都深有体会。

有一次,《人民画报》的记者采访苏步青,拍完照片后,记者请学校写一篇文章。苏步青把这件事交给秘书去办。秘书一连写了3篇,都被苏步青退了回来。经反复修改,直至文字达到简洁精炼的要求,苏步青才同意发稿。

还有一次,有家报社请苏步青写一首诗刊登在该报上。由于报社催得急,他写完就寄了出去,但是心里总觉得不踏实。晚上睡觉时,他躺在床上还在琢磨,感觉里面有一句不太妥当，于是连夜修改好，第二天一大早就急急忙忙赶到邮局，把修改后的稿子寄给报社，并要求报社把之前的诗稿寄回来。

秘书都知道，以苏步青的名义发表文稿一定要慎之又慎，整理好后不论时间多么紧急，一定要让苏步青亲自审阅，而苏步青也总是要看两三遍才能过关。有的出版社约请苏步青为他们出版的图书作序，苏步青对这种事更是谨慎小心，没有看过的书稿，绝不答应作序，书稿质量不高的也不作序。他说："给要出版的书稿作序，是一件非常慎重的事情。有的出版社就是拿名人来做广告，书稿的内容不行，甚至很糟，却要人说它许多好话，还讲它是读者的良师益友，这不是在坑害读者吗？"

他严谨的工作作风不仅表现在教学和科研上，也表现在最平常的写字上。他从小就养成一笔一画、工工整整写字的习惯。他保留下来的笔记都被装订成册，厚厚的，足有300多万字。看过他笔记的人都夸奖说，简直像刻印出来的。

苏步青对学生严，对教师严，对子女严，对自己尤其严，事事都是"严"字当头。一旦发现懒惰、懈怠的

第六章
知识分子的楷模

学生和教师，他总是严厉批评。

1990年，苏步青应邀为《竺可桢诞辰一百周年纪念文集》写序言。初稿平铺直叙，他反复推敲，感觉十分平淡，缺乏文采，决定重写。重写时，他运用一些修辞手法，如原来开头的一段话："人的一生确是短暂的、有限的，但一生中，为国家、为人民献身于科学、教育事业，这一光辉业绩则是永久的、深远的，将永远留在人民心中。竺可桢先生就是这样一位故人。"他把原来的"永久"改为"永恒"，"深远"改为"无限"，"一位故人"改为"一位伟大人物"。这样一改，语言更加规范化，也增添了文采。但他觉得序言原稿的末尾似有突然刹车之感，言犹未尽。于是，他又仔细阅读了一遍，从文章结构入手，增加了一段话："《文集》的问世，无疑对推动今后的教育改革和发展将起到巨大的作用。我怀着对竺老深切缅怀、万分崇敬的心情，回忆往事，勉草此序，聊以表达景仰之情于万一云耳。颂曰：教育立国，患难兴邦。先生之德，万古流芳。"经过苏步青的精心修改，序言虽然只有短短百字，却淋漓尽致地表达了他对竺可桢的崇敬与缅怀之情，从中也可以看出他严谨、认真的工作态度。

苏步青的故事

  1995年12月14日，为了请苏步青为平阳县中心小学的师生题写条幅，平阳县教委副主任张文、县小校长王德平一起到上海衡山宾馆拜访苏步青，索求墨宝。面对母校的校长与县教委领导，苏步青十分谦虚地问："写什么好？"张文和王德平将苏步青在书中写过的"攀高贵在少年时，为学应须毕生力"及"愿孩子们都变得更加聪明"两句话找出来，请他写。苏步青看了一下，高兴地说："这一对好。"但他想了想，又说："这个'须'字应改为'竭'字更确切些，你们看好不好？"接着，他一边把另一句话中的"变"字圈掉，改为"学"字，一边说："孩子只要肯学，都会聪明起来的。"在场的人都连声说好，觉得苏步青改得巧妙，改出了深意，同时也为苏步青严谨认真的精神所感动。

  苏步青还有一个特点，就是时间观念非常强，对于不守时的行为绝不容忍，甚至会发怒。有一次，秘书陪他去市里开会，结果约定的时间到了，还不见秘书的身影，他就叫司机开车走了。事后，他问秘书为什么迟到，秘书说路上遇到一个老朋友，多说了几句话，所以晚到了两分钟。苏步青虽然没有说什么，但是这件事给秘书的印象却很深刻，再也不敢不守时了。

第六章

知识分子的楷模

1978年8月20日,百年未有的暴风雨袭击了上海。复旦大学校园内水深过膝。当天正是数学讨论班活动的日子,这一次将由一位青年教师做报告。苏步青已经答应去参加,但屋外狂风暴雨,家人担心他的安危,都劝他不要去。苏步青说:"约好的时间,怎么能随便不去呢?"他卷起裤腿,撑起雨伞,深一脚浅一脚地向学校的教学楼走去。

讨论班的师生都觉得,这么恶劣的天气,苏教授应该不会来了。可是,刚到7点30分,这位浑身湿漉漉的老教授便出现在教室门口。大家都惊讶不已,纷纷劝他先休息一下。他却笑着摆摆手,坐下来抹了一把脸上的雨水,喘了一口气,说:"开始吧!"

关于守时,苏步青曾对人说:"我要求记者、学生准时到会,自己首先要准时。随着年龄的增长,害怕迟到的心理越发严重,有时参加一项活动,往往要提前一刻钟甚至半小时抵达。给秘书、警卫安排的时间都很紧,我生怕迟到,甚至说赶不上要他们负责,弄得他们只好一再提前。后来想起来,觉得有些过分了。"

俗话说,一寸光阴一寸金。苏步青把时间看得比金子还宝贵,对时间的珍惜可以说到了苛刻的程度。他把

第六章
知识分子的楷模

整段的时间比作"整匹布",把零碎的时间比作"零头布"。要完成大的项目就用"整匹布",而"零头布"他也不舍得浪费,总是见缝插针,充分利用,积少成多,也做出了很多成绩。

1980年暑假,学校安排他到莫干山疗养3周。以往他对旅游、疗养一类的事情兴趣不大,许多知名景区如北戴河、黄山等都没有去过。但是这一次,他特别高兴,因为组织上送给他"一整匹布",他手头正好有一部重要书稿没有时间完成。在莫干山的3周时间里,他几乎都在写作《仿射微分几何》,这本书最难写的几章就是在莫干山完成的。

珍惜时间、充分利用时间对苏步青来说已经成了一种习惯。除了担任复旦大学校长,他还担任了不少社会职务,出差、开会占去不少时间,这使他更加重视对"零头布"的利用。比如,到外地开会,早晚时间、休会时间、会议机动时间等,都是他利用的"零头布"。

有一次,苏步青到上海展览中心开会,上午10点多休会,下午3点再换地方接着开。他一算时间,中间有将近5个小时,在那里坐着吃饭、休息实在可惜,就对秘书说,回去还可以工作两个小时。秘书说饭票已经准备好，若来回跑恐怕无法保证休息，但他还是坚持回去了。

胸怀博大的宗师

在一篇鼓励学生的短文中，苏步青写道："青出于蓝而胜于蓝，这是科学发展的规律。我们老年科学家应该以培养出超越自己的学生为目标，并以此为自豪，这样才可以让我们的学术在国际上产生更加重大的影响。"他在《光明日报》"每周评论"专栏中关于"培养学生一代超过一代"的文章，得到教育界的肯定，引起极大的反响，被称为"苏步青效应"。

苏步青在总结培养优秀人才的经验时，归纳出这样几点："一是不要挡住他们的成才之路，要让他们超过自己继续前进；二是自己绝不能一劳永逸，还要抓紧学习和研究，用自己的行动在背后赶他们、推他们一把，使中、青年人戒骄戒躁，勇往直前；三是鼓励他们尽快赶上自己。"正是在这种思想的指导下，苏步青对学生始终严格要求，努力使他们德才兼备，鼓励他们一代超过一代。

苏步青认为，教育的根本目的在于为国家培养德、智、体、美全面发展的"四有"人才。一个老师辛苦了一辈子，如果培养出不合格的人才，那么就不是一个合格的老师。有的学生把大学4年的教育当作出国留学的跳板，那就与受教育的根本目的背道而驰。教师必须教书育人，关心学生的全面发展。

20世纪60年代，苏步青曾在学生毕业典礼上做报告，鼓励学生响应党的号召，到祖国建设最需要的地方去。20世纪80年代，他经常以亲身经历教导学生要热爱祖国。每次出差到外地的高等院校，他都会鼓励、教导学生树立为人民服务的价值观。有的学生给他写信，探讨人生的真谛，他总是耐心教导，在回信中帮助他们消除思想苦闷，坚定社会主义信念，为振兴中华而发奋学习。

苏步青并不反对学生出国留学，但他强调："出国留学是为了学到更先进的技术、更多的知识，然后回来报效祖国。"

苏步青对学生的要求同样严格，一丝不苟。对于拔尖的学生，苏步青往往给予他们与其能力相当的培养。"拔一个，带一批"是他的主要经验，也成为众多教师培养学生的方法。

苏步青在培养人才方面所做的贡献表明，这种"一代超过一代"的教育观点取得了良好的效果。从1931至1952年间，他在浙江大学培养了100余名毕业生，其中有30人在新中国成立后担任大学数学系主任、数学研究所所长等职。他的学生学习、运用并发展他的经验，培养出新一代硕士、博士。他们开枝散叶，为祖国的建设事业贡献个人力量。几十年后，苏步青的很多学生都记得老师对他们严格要求的一个个事例，谈到苏步青的严格，他们的感激之情溢于言表。

苏步青培养学生有独特的方法，那就是"鸡孵鸭"。这是一种非常形象的比喻，具有哲理意味。"鸡孵鸭"指培养学生独立思考的能力，使其具备勇于开拓、敢于超越老师的勇气，以达到青出于蓝而胜于蓝的境界。"鸡孵鸭"的可贵、新颖之处，在于"鸡"孵出的是"鸭"而不是"鸡"，如果"鸡"孵出"鸡"，那就是依样画葫芦，毫无创新和突破可言。苏步青的教学目的，是希

第六章
知识分子的楷模

望"鸡"孵出"鸭"来,激发新思维,产生新品种,创造新发明。

执教之初,苏步青就十分注重运用"鸡孵鸭"的方法来培养学生。在浙江大学时,他非常看重谷超豪,对其进行严格训练。他为谷超豪提供各种学习参考资料,鼓励其独立思考,提出自己的新见解。谷超豪才思敏捷,最初钻研的是微分几何,后来进入偏微分方程、规范场理论等领域。他接受苏步青的教诲,敢于研究别人不敢研究的领域,解决别人解决不了的问题,最终获得了成功。后来,谷超豪也采用"鸡孵鸭"的方法来指导自己的学生,于是就有了李大潜的偏微分方程与控制论的研究、俞文鮆的偏微分方程与运筹学的研究、洪家兴的混合型方程研究等。回顾自己的成才过程,谷超豪说:"除了自身的努力,我的求学之路归根结底来自苏教授的严格训练和创新的鼓舞,使我有了一个很好的根底,使我的进取心越来越强。"

苏步青在学术上的成就远远超过自己的老师,但他知道自己的成就离不开老师的教诲,所以他也同样鼓励学生超越自己。在他看来,学生只有超越老师,才算是真正的学有所成,而老师只有教出超越自己的学生,才算真正实现教育的目的。

谷超豪和李大潜都是中国科学院院士,在学术地位上与苏步青并驾齐驱。苏步青是第一代院士,谷超豪是第二代院士,李大潜是谷超豪的学生,是第三代院士,一代胜过一代。

除了严格要求学生,苏步青更严格要求自己。他每上一节课,都要事先抽出一个小时来准备;每教一次课,都要对教学内容和教学方法做一次修改;每教一年,就把自己写论文的心得和最新的研究成果放进去。经过他反复修改、增补的教案,受到学生们的强烈欢迎。

在教学中,苏步青还十分谦虚,诚恳地向学生学习。"不但要向第一代学生学习,还要向第二代、第三代或第四代学生学习。在座的李大潜同志,是我的学生谷超豪的学生,我就向他学习。去年他陪我到法国去,到比利时去。我在比利时语言不通,讲不来、听不懂,没有他带路我哪儿也去不了啊!李大潜只有40几岁,但他已经是鼎鼎有名的数学系教授,这很不容易啊!"苏步青在一次会议上说:"我向学生学习,这样才能够做到思想不会老。在有生之年,把力所能及的工作做得好一点。"

第六章
知识分子的楷模

他一再告诫学校的老师:"名师可以出高徒,高徒可以炼名师。"学生本领大了,无形中也能提高老师的威望。"鸡孵鸭"出了新品种,这样的"鸡"就不是一般的"鸡"了。

严于律己的党员

苏步青于1959年加入中国共产党,从此,他既是一位著名的数学家,也是一名忠于党的事业、有极强组织观念的党员干部。他从未忘记自己这一身份,时刻以党员干部的标准严格要求自己。

苏步青年近八旬时,身兼20多个社会职务,工作十分繁忙,但他总是主动、按时参加党的组织生活。每到星期四,他就向相关同志询问星期五的组织活动内容,以便提前安排其他工作,按时参加。有时上午开会或参加一些社会活动回来较晚,他顾不上午休就赶去参加下午的组织活动。

苏步青的故事

有人劝他:"您年纪不小了,是知名教授,是党员专家,不用次次都参加组织活动。"苏步青却说:"党员专家,首先是党员,其次才是专家,在我们党内没有特殊的党员。"他在支部会上表示,自己既是党员,又是校长,要经常给自己敲警钟,绝不能搞特权。有一次,他的女儿来看他,离开时要到码头坐船,一时叫不到出租车,他便从学校安排了一辆车送行,事后他马上支付车费。平时写信,只要信里提到私事,他都是按私人信件处理,自己买邮票投寄。

在复旦大学工作期间,苏步青也时时刻刻以党员的标准要求自己。他生活俭朴,平易近人,待人谦虚诚恳,留下了许多动人的故事。

有一天,苏步青的家乡有人到复旦大学来看望他,当他们在偌大的校园里打听苏步青的住处时,看见一位老人朝这边走来,一边走,一边捡地上的废纸扔到垃圾箱里。他们定睛一看,这位老人正是他们要找的苏步青。他们后来才知道,随手捡拾垃圾已经成了苏步青的习惯。不仅如此,看到水龙头没拧紧,苏步青就会去拧紧;看到人离开但灯还亮着,他会走过去把灯关掉。

有的学生大手大脚,没有勤俭节约的意识,学生食

第六章
知识分子的楷模

堂里经常出现浪费现象。苏步青看见后非常心疼,在每年的开学典礼上,总是反复讲提倡节约、反对浪费的话。他说:"农民辛辛苦苦种出来的粮食、蔬菜,随便浪费是不道德的。'谁知盘中餐,粒粒皆辛苦'的教育还需要坚持下去。勤俭节约、艰苦朴素是好传统,我们民族要想永远立于不败之地,就要把这些美德世世代代传下去。"

他不仅要求别人勤俭节约、艰苦朴素,自己更是身体力行。他参加政协会议,吃饭时如果服务员端上来的菜量比较大,他就对服务员说:"胃口没那么大,以后量少一些,否则浪费了太可惜。"

从复旦大学校长的位置上退下来之后,苏步青受邀担任温州大学名誉校长。虽然是名誉校长,但他对学校的建设和发展非常关心,提过不少指导性意见。他对校领导说:"温州大学刚开始办,一切都应当注意从实际出发,不要什么都和其他学校比,记好,一定不可贪大求全。""咱们温州大学应当有5年至10年的艰苦创业过程,应当是好日子当穷日子过。我认为应当'双增双节',工作上需增效率,应当讲质量,开支方面需节省、节约。应当艰苦朴素、艰苦创业,办出温州大学的特色来。"

1989年，在温州大学5周年校庆前夕，苏步青给学校领导写信，表达对于校庆的意见："温州大学5周年校庆，届时举办庆祝活动理所当然，但是鉴于今年全国经济情况比较严峻，我们的校庆活动应当严肃、朴素，千万不可铺张。"

1991年，89岁的苏步青受邀前往温州大学。出发之前，他和学校领导约定，自己到达后不住宾馆，就住在学校的宿舍里，而且不摆酒席，不讲排场。然而，校领导考虑到苏步青已是89岁高龄，又是全国政协副主席，住学校宿舍"不合适"，仍然安排了宾馆。到了学校，苏步青见学校依然给他安排在宾馆居住，略显不满地对校领导说："我一个山里人，学校的宿舍为何就不能住呢，非要住在宾馆里？"校领导解释许久后，他才勉强答应住宾馆。

1992年，苏步青参加浙江大学95周年校庆时也是如此。浙江省政协和省政府办公厅安排他住西湖国宾馆，但他坚决不同意享受这样的待遇，说："我到浙江也就是到家了，无须再让政府多花钱，住在家里最方便。"工作人员拗不过他，只得让他住在学校的招待所，同时

第六章
知识分子的楷模

按他的要求，一日三餐简单、清淡。

作为党员，苏步青十分关心青年学生政治上的成长和进步，校党委给他安排讲党课，他一丝不苟地做准备。他还为学校团干部做报告，教导青年要热爱社会主义。

1991年七一前夕，苏步青在《人民日报》撰文，再次表达"此身到老属于党"的决心，告诫自己要像周恩来同志那样，活到老，学到老，继续为人民服务，"尽罄余微方得休"。

1998年10月，苏步青获得何梁何利基金科学与技术成就奖，他将100万港元的奖金全部捐献给教育事业。其中，50万港元充实原有的"苏步青数学教育奖"，剩下50万港元在复旦大学数学研究所、数学系内设"苏步青奖"，奖励优秀青年教师和优秀应届本科毕业生。他说："我是党的儿子，所有这些都是我一个共产党员的心愿，希望国家的教育能搞得更好，为'四化'建设培养出更多的优秀人才。"

2003年初，苏步青的身体每况愈下，大部分时间处于昏迷状态。3月17日，苏步青在上海安然逝世，享年101岁。

全国人民都沉浸在悲痛之中，尤其在数学界，人人都痛惜国家失去了一颗璀璨的明珠。

苏步青一生严于律己，待人宽厚，实事求是，谦虚谨慎，生活俭朴，无愧为知识分子的楷模。他高尚的道德风范、无私的奉献精神和卓越的成就将永留青史，激励新一代爱国知识分子为建设中国特色社会主义事业努力奋斗。